识干家

企業閱讀　學以致用

电商高管私房课

子 道◎著

中华工商联合出版社

图书在版编目（CIP）数据

电商高管私房课 / 子道著. —北京：中华工商联合出版社，2022. 4

ISBN 978-7-5158-3370-5

Ⅰ. ①电… Ⅱ. ①子… Ⅲ. ①电子商务－运营管理 Ⅳ. ①F713. 365. 1

中国版本图书馆 CIP 数据核字（2022）第 046449 号

电商高管私房课

作　　者：子　道
出 品 人：李　梁
责任编辑：于建廷　臧赞杰
装帧设计：仙　境
责任审读：傅德华
责任印制：迈致红
出版发行：中华工商联合出版社有限责任公司
印　　刷：河北宝昌佳彩印刷有限公司
版　　次：2022 年 5 月第 1 版
印　　次：2022 年 5 月第 1 次印刷
开　　本：710mm × 1000mm　1/16
字　　数：250 千字
印　　张：16. 25
书　　号：ISBN 978-7-5158-3370-5
定　　价：88. 00 元

服务热线：010－58301130－0（前台）
销售热线：010－58301132（发行部）
010－58302977（网络部）
010－58302837（馆配部、新媒体部）
010－58302813（团购部）
地址邮编：北京市西城区西环广场 A 座
19－20 层，100044
http：//www. chgslcbs. cn
投稿热线：010－58302907（总编室）
投稿邮箱：1621239583@ qq. com

推荐序 1

电商海洋里的灯塔

我于 2006 年开始做电商，经历了中国电商从野蛮生长到理性生存的过程。10 年浮浮沉沉，我的公司从最初的偶然性成功到中间的必然性衰落再到后面的理性再出发，子道和子道的书，对我起了决定性的作用。

子道于我，亦师亦友。认识子道前的电商路和认识子道后的电商路，于我而言是一场从根源上的蜕变。初识子道是在 2013 年，彼时我正经历一场电商浩劫。相信有很多电商从业者都和我一样经历过那场浩劫，左顾右盼、盲目跟风做所谓的"战略性亏损"，以无理性的单一巨额广告投放为手段，以流量和突然暴涨的销售额为成功标志，沾沾自喜地沉浸在虚假繁荣里无法自拔，无暇也无意去做长远的分析和构想，把偶然成功的"诡术"当成不二真理推崇。当短暂的浪潮退去，我必然成了那个在沙滩上裸泳的人——一年内亏损现金 1000 多万元，滞销库存 6000 多万元，同时留下的还有类目 TOP 的虚名。

值得庆幸的是，在我对电商万念俱灰的这一年认识了子道，获得了他的书，我如获至宝地读了一遍又一遍，书上被我用红笔写满了心得和体会。他理性的思维帮我重新建立了电商思维体系，他严谨的逻辑让我重新构建了电商运营的逻辑，是他让我认识到电商的本质。遵循子道的理论体系，我带领团队很快走出了逆境和误区，回到了正确的商业路线上。子道，是我迷茫中的一道光，是我畅游电商海洋的灯塔。有了子道，我的电商路变得不再暗礁林立，我也不再孤立无援。

如果你曾像我一样，做过电商海洋的裸泳者，那么推荐你读这本《电商高管私房课》；

如果你曾像我一样，将单一的“诡术”当作电商运营的逻辑，那么推荐你读这本《电商高管私房课》；

如果你曾像我一样，对未来的电商之路感到迷茫，那么推荐你读这本《电商高管私房课》；

如果你曾像我一样，对电商团队的建设不得要领，那么推荐你和你的团队人手一本《电商高管私房课》。

希望子道可以成为更多电商人的灯塔，让这一道光温暖、照亮、指引更多的电商从业者。

奢奇制衣有限公司 CEO　魏星

推荐序 2

朴素天真的电商

有人问："电商难不难？"或者更具体一点："淘宝店好不好做？"

这个问题放到 2014 年以前，很多从事电商行业的朋友都可以轻松自信地答复。

但问题放到现在来问，有一部分人会选择摇头。

之前，夜以继日。

今日，无人问津。

是不是电商真的难做了呢？

不是。

我认为，只要有一点做好了，电商就不会难做。

这个点就是团队和店铺里要存有一个灵魂。

这个灵魂是团队精气神的引导者，也是维护者。

这个灵魂是一个店铺与商品姿态的原点。

而在很多情况下，扮演这个灵魂角色的是企业的老板。

电商和传统商业一样：产品为载体，传递需求，传递吸引，传递信任。

相较于传统商业，电商有更便捷丰富的购物方式，更繁多的消费行为，更激烈的竞争环境。

无论一样还是不一样，电商和传统商业的本质和目的都是相同的：找到顾客或被顾客找到，然后再拉近距离。

在这些过程中，老板的认知和姿态决定着店铺与顾客之间的最终距离。

与客户的距离越近，店铺越成功！

但如何拉近与客户的距离呢？

子道老师告诉我们：“尊重顾客，跟随顾客，满足顾客。”

问题又来了：如何尊重？如何跟随？如何满足？

优秀的店铺与商品姿态是对顾客最好的尊重。

洞悉消费者行为，让跟随客户变得有迹可循。

充分让顾客感到信任就是顾客最大的满足。

《电商高管私房课》翔实地阐述了做好优秀店铺与商品姿态最基本的操作逻辑，生动具体地剖析了顾客消费中的感知过程与行为细节，细致入微地解释了买卖双方容易存在的沟通误区，让每一个从事电商的老板阅读之后，都能在操作店铺和管理团队的行动上有方可依，思想上高屋建瓴。

越朴素越真诚。

感谢子道老师。

宁波言允贸易有限公司总经理　张忆

推荐序 3

电商的“道”与“术”

无论是线上电商行业还是线下传统商业，要想取得成功，都必须不断地打造和迭代客户体验，不以客户体验为中心的企业文化是无法长期立足的。

电商行业和传统线下商业在商业本质上是没有任何区别的，卖方提供产品和服务所需要的组织能力、品控水平、供应链实力都是相同的，买方追求的品质、服务和文化需求也是相同的。

正如本书所表达的，消费者要的是完整的认知、顺畅的流程、可预见的放心。你越专注，消费者越喜欢你；你越细腻，消费者对你越有信心；你越赏心悦目，消费者越偏好你。无论是在线上还是在线下，实现这些的基础仍然是好产品、好服务及好的购物体验。这种商业本质上的相同源自消费者对商家的同等期待，要说唯一的区别就是渠道特性的区别，但渠道特性的不同并不决定商家的生死，决定商家生死成败的核心因素只有消费者本身。

《电商高管私房课》针对电商行业的渠道特性，在产品结构、整体呈现、客户服务及流量推广四大方面进行了深度剖析和阐述，子道从“道”到“术”，深入浅出，在战略布局和战术组合上给予了清晰的分析和指导。本书既是一本电商从业“经文”，也是一本实用的工具书，不但适合电商从业者参阅，而且也适合传统行业的从业者阅读。不管以何种渠道经营商业，其本质都是要不断地打造消费者体验。

花花公子男装 CEO　王永杰

推荐序 4

电商“孙子兵法”

突然接到子道兄的邀请，心中诚惶诚恐！

实因并无电商的实际操作成功案例之经验，本就是一电商门外汉。

只因一直以来有构思期望于电商领域能有所建树，早在 2015 年初就拜读了子道兄的《子道说：电商不难》大作，细读之后顿有拨云见日、醍醐灌顶之感！在此之前也研读过很多如何做好电商之经营策略的书籍文章，几乎都是千篇一律地大书特书电商技术流层面的问题，结果是越读越迷失方向，一头雾水，隐约觉得更偏离电商经营的本质，心中虽有疑惑却不知根源之所在！

直到拜读了《子道说：电商不难》一书，才真正认识并体悟到电商的本质根源！以我个人的见解，子道兄的学说作为当今电商界的“孙子兵法”当之无愧！对于想在互联网时代的电商领域有一番作为的有关人士而言，本书是必须精心研究的不可或缺的理论著作！

子道兄论述的电商零售法则立足于生意的本质，不厌其烦地强调电商的商业逻辑，把做好电商归纳为四个环节：产品结构、电商呈现、客户服务、推广流量。本书全面、细致、完整的论述完全颠覆了时下电商界非常流行的所谓“术”的做法。

借用子道兄的一段话：“发挥决定性作用的，往往是那些表面看起来并不重要的东西。”许多人仍然在用大卖家们从来不屑一顾的招数，日复一日。

《电商高管私房课》，毫无疑问，比前一本还要精彩。

天绅国际有限公司创始人　谢家麟

前　言

当前的电商零售发展进入了一个新的阶段，在这个新阶段里，流量变得越来越贵，运营难度越来越大，电商企业盈利的压力也非比寻常。没有一个做电商的人会说："我做电商很轻松，我赚钱很轻松。"

夜深人静的时候，我们仔细盘点一下，就会发现那些做得比较成功的零售品牌和卖家店铺，他们的市场份额在不断地快速增长，通常比市场整体的增长速度快一大截。他们到底做对了什么呢？我的观点是，他们其实很呆板。

彼得·德鲁克曾经说过："优秀的公司是呆板的。"彼得·德鲁克是现代管理学之父，他的《卓有成效的管理者》不仅是一本管理书，更是一本哲学书。他的核心观点是，揭示每一个个体对自我和他人所要担负的责任和所追求的职业尊严。

回到电商零售这个话题，正确的道路其实是差不多的，有很多共性；而偏差的道路则是五花八门的，千奇百怪。这便是重新整理出版《电商高管私房课》一书的缘由。

我在每一次给企业老板讲电商总裁班课程的时候，都要郑重其事地强调一点："我希望分享的电商零售经营理念是我的发现，我不希望是我的发明。我希望描述的观点具有朴素、真实、客观、实用的特点。"

做好一个店铺，主要是做好三件事情：

①研究一种丰富专注的品质好货。

②抱持一套朴素完整的运营思想。

③打磨一个稳健持续的执行团队。

这既是《电商高管私房课》的出版初衷，也是该书的主要基调。电商经营绝不是单纯的运营操作技术问题和价格竞争问题，而是与消费者能感知的产品、场景密切相关，可以说电商从诞生开始就是如此，今天尤其是这样，支撑优秀的产品体系和场景则需要有一个专业稳健的执行团队作为智力保障。寨子一定要硬，首先要确保不被打败；打仗风格要呆板，绝不打无把握之仗。这就是“结硬寨，打呆仗”。

阅读本书的目标，主要有以下6点：

①从老板层面构建完整朴素的电商零售思维架构。

②理顺产品、产品结构的布局，构建底层竞争基础。

③明确店铺呈现的底层逻辑、结构和路径细节，以便更好地承载、引导和转化进店流量。

④提升老板在电商零售模块选人、用人、育人的理论和实践能力。

⑤提供有效的数据化管理工具和培训工具。

⑥指引企业有效地避开日常运营的常见误区，提升运营效能和盈利能力。

如果读本书还不过瘾，请继续关注我的微博——道本通，或者我的微信公众号——朴素天真，我的“电商总裁班”和“企业内训”课程安排也会及时发布。

目 录
Contents

第一章

Chapter 1

结硬寨，打呆仗

一、电商零售发展的新阶段

首先，我们要确定的是一个好消息，电商零售的整体盘面在目前阶段仍然保持较快速度的增长，电商零售增速大于整体零售的增速，也大于线下零售的增速。

有数据显示，当前的电商零售占整个零售市场的比重已经超过 22%。这个数据看似数值不高，离马云期待的 50% 还有不小的差距；但数据本身是一层意思，对数据的解读是更深一层的意思。想一想，有很多零售消费品种在当前是不适合线上渠道占据主流的，比如生鲜、汽车、房地产等，占据零售消费很大一部分，但电商化的比重相对较低。扣除这一类别的消费，其他简单型的标品和非标品，其线上的市场份额非常惊人。目前，国内一线的标品品牌，线上零售渠道的占比基本上在 40% 以上，有些甚至超过了 50%；非标品类别也差不多。现在很多主力消费人群一个月花 10000 元，线上消费占 5000 元是非常正常的。

C 端的业务，对于要不要做电商，这根本就不应该是一个问题。真正的问题只有一个：怎么样做好电商？另外，如果有人跟你唱反调说电商不行了，你压根儿就不用听。

其次，在电商零售的市场版图里，目前呈现出来的发展特性是产业集中化。这个集中化包括三层含义：

第一层含义：平台集中化。

集中表现是阿里巴巴等主流平台的实力越来越强，次要平台的成长有限。

阿里巴巴目前挑战的目标是年销售额 10000 亿美元，应该快要实现了。

年销售额 1000 万元的卖家在天猫平台是什么排位呢？仔细算一算，可能连平均值都没有达到，天猫平台全年单店成交的平均值可能早就超过了 1000 万元。要知道，平均值远不是一个好成绩。

这里要提醒大家，如果你真的热爱电商、热爱学习，千万不要去找几个中小型规模的卖家相互学习，聊不出来特别有价值的东西，常常是白天讲流量创新，晚上就讲如何刷单。

第二层含义：品牌集中化。

集中表现就是优质供应链占据越来越大的市场份额，中小品牌式微。

比如中国本土的汽车制造品牌很多，往后可能会慢慢减少数量，越来越像德国和日本的汽车行业。各个行业都会催生主流品牌，时间越往后，越是如此。

说到底，电商零售最核心的问题，就是需要解决消费者端的认同度和信任度的问题，根上也是零售品牌的竞争力问题，绕开这个问题，其他努力都会被打折扣。

品牌集中化是市场向前发展的必然趋势，也是市场不断成熟的内在要求。通俗地讲，品牌集中化是消费者为了提高效率，由省心的消费心智决定的。

第三层含义：渠道集中化。

渠道集中化的表现就是品牌体系内的优质渠道占据的市场份额越来越大。

电商天然地具有反渠道的特征。线上路径已经解决了卖方与买方链接的问题，破除了地域隔阂的限制，消费者不需要来回奔波地做对比，所以根本就不需要那么多渠道。

渠道集中化的趋势是由社会配套效率决定的，也是由消费者追求确定性、安全感和效率决定的，不以人的意志为转移，平台也无法左右其进程。这个进程是不可逆的。要想在“渠道集中化”的大浪潮中不被淘汰，就需要进行深度的思考，思考5年、10年后的事情，思考怎样在竞争中立于不败之地。

最后，供给端的变化。

所有人都必须承认一点：线上供给端的多样性、品质已经和线下旗鼓相当了，基本上就是线下版图的复制。这时，竞争的模式不再是线上打线下了，而是大家又在同一条起跑线上了。

如果让你在杭州开一家咖啡店，围绕流量要素考虑，星巴克的隔壁流量比较大，但你敢在星巴克的隔壁开店吗？线上的可怕之处，就是每一家咖啡店的隔壁都有一家星巴克。因此，竞争维度不往上提是不行的。

二、电商零售竞争维度的构建

一入电商深似海，怎能不痛定思痛，危心深虑呢？解决之道是什么？解决之道就是要升维构建零售业务的竞争优势。

竞争在本质上是不平等的。竞争就是在具备差异优势的前提下把竞争对手压制住。有没有可能不具有差异优势地位，却能赢得竞争呢？应该是没有的，除非是在偶像剧里。

（1）第一件事情：我们来看一看电商运营的底层逻辑。我们把电商运营工作分为四件事情：第一件是“产品结构”；第二件是“店铺呈现”；第三件是“客户服务”；第四件是“店铺流量”。

注意，笔者把店铺流量放在最后一位，是因为大家平常对流量的重视是一种本能，倾注的注意力也是最多的。笔者想给大家重点分享的是抛弃流量核心，关注造成流量差异的根本原因。实际上，流量从来都不是原因，流量是一个结果。

流量进店以后，一般有四个去处：第一个去处是什么？是“静默离开”，在绝大多数店铺里，这一项数值的占比一定是最高的，也只有这个数值是没有任何价值的，应当视其为每一家店铺最大的痛点；其他三个数值中，“静默成交”是这个世界上最美好的事情；“咨询购买”是其次，但也是很好的，毕竟还是成交了；“咨询离开”，虽然离开了，但好歹说过话，顾客不买我们也认了。流量路径的特点根据产品的特性会有所差异，简单低价的商品主要依靠“静默成交”，复杂高价的商品则依靠“咨询购买”而成交的占比更高。

因此，我们可以将电商经营逻辑分成两部分：一是店铺静态的战斗力；二是店铺动态的战斗力。

仔细想一想，你会发现，在前端，顾客是依据店铺自身的表达结构和细节所承载的信息而独立做出判断的。每一单成交，都是在 PK 掉 3 ~ 5 家的同行链接之后才产生订单的。认清楚竞争的客观存在特别重要，店铺才是你的零售业务的主要能量场，并且决定了顾客是否发起咨询，从而为后期的咨询成交进行一个无法绕开的托底。

所以，请务必记住四个字：店比人强！

店铺太弱，累死累活也未必能赚钱，这就是店铺战斗力指数的计算方法。

大家要不断地提醒自己，一定要动用一切资源，塑造出一个严肃、工整、饱满、亲切的行业性标杆店铺。如果你的店铺有这种能量，还愁做不好电商？

（2）第二件事情：当我们懂得逻辑之后，就要开始构建底层的竞争维度，也就是产品维度。

产品维度的关键字就是：

①精品：不怕比。

产品不如人，则处处不如人。

如果产品定价和主流市场需求的价位段不匹配，就更麻烦了。

②专注：凸显专业，小而美。

专注的价值也是经常被人忽略的。专注实际上是具有强大威力的一个竞争策略。简而言之，专注就是定位。

③深度：更高的商业姿态。

一个只有20条牛仔裤的店和一个有500条牛仔裤的店，哪个店铺更有杀伤力呢？显然是有货品深度的店铺容易给顾客塑造百里挑一的尊贵感。

产品在结构上要讲究完整、饱满、层次分明；在价格上要讲究与目标市场的“门当户对”，让买卖双方都有尊严；在包装上需要留意货品本身的内外包装，还要留意快递包裹的包装方式。

从根源上看，产品竞争维度的构建是第一生产力。这个维度包含的细节非常多，后面还会进一步展开来讲。

（3）第三件事情：构建竞争力的第二个维度，也就是呈现维度。

呈现维度的关键字是：

①**窗口图**：让PV变UV，把流量导入详情。

②**详情**：让顾客一见钟情，引导流量深入了解并进入首页。

③**首页**：严肃、亲切、工整、饱满，塑造商业姿态和传递品牌的完整性。

④**结构**：凤头、猪肚、豹尾，有头有尾，结构完整。

⑤**质感**：氛围、气质，传递品质感。

当我们谈论一个店铺的时候，是在谈论什么？是谈论其单品和详情吗？不是，是在谈论这个店铺的整体结构塑造和首页、详情等的整体呈现。呈现维度的构建是第二生产力，不讲“视觉”这两个字，是怕把呈现这个模块的能量人为地缩小了。

笔者还要强调一点，我们在讨论产品结构的时候，是在讨论这个店铺在消费者端的整体观感；我们在讨论店铺呈现的时候，是在讨论店铺整体供给结构在消费者端的价值塑造。也就是说，不管是在谈论产品还是页面呈现，都是在讨论消费者端的需求。

消费者除了有物性层面的需求，还有神性层面的需求，比如审美、秩序、信心、观感、艺术性、整体性、结构性、信息采集的便利度等，每一个流量都是有血有肉的人。

以上是塑造有竞争力店铺的一个基本的方法论。

这里讲的思维模型也是一种监测方法，可以套到自己的店铺上，也可以套到同行的店铺上，保管好用。如果你觉得不好用，肯定是在结构和细节上有所忽略，没有真正掌握实质。

三、电商零售竞争的组织保障

要构建有竞争力的店铺，必须有一个稳健可靠的团队。

主要分三点来讲这个话题。

1. 组织架构

组织架构是很明确的，有运营团队、美工团队、销售团队、售后团队。但是，每个人对于每个岗位的理解可能有所差异，尤其是运营团队。

（1）运营团队的核心是具备深度理解行业、消费者、产品、产品结构、页面、页面结构的能力，这是塑造店铺竞争力的源头。

运营理解塑造店铺的起点是什么？是对消费者的理解。

消费者常常是“说一套，做一套”，他们说出来的东西都不一定是事实，更不可能是事实的全部，很多他们在意的需求不会讲出来。比如消费者对店铺的产品深度有需求，需要百里挑一的获得感和尊贵感，他会抱怨卖家的产品太少吗？不会！他们会抱怨卖家的页面做得不够好吗？不会！但是，他们在看到一个特别有品质感的店铺的时候，会说："这个店真不错啊！"到底怎么不错，又从来不说清楚，也说不清楚。

运营还要理解一件事情：做好店铺的能量来自对行业的了解。这里所说的行业，包括卖方，也包括买方，还要理解商业姿态的塑造对零售整体的影响力是什么。

在追求流量的时候，思想要朴素一点，再朴素一点。除了要追求流量，还要思考流量的消化问题，走可持续发展的道路。有流量，留不住，到头一场空。

这是什么呢？其实就是运营思想优势。

（2）美工团队是运营的实现者。美工团队需要深刻理解消费者对一个店铺的整体观感和价值取向是什么。

笔者要强调一下电脑端的重要性，几乎所有的大店铺都没有放弃电脑端，电脑端还没有消失。上班的小姑娘，电脑开着，她很可能通过电脑浏览做选择并加进购物车，上洗手间的时候就用无线端付款了。你的电脑开着，会不会用它看产品？如果你的电脑端流量占比是10%，你的店铺转化率是2%，如何确定这2%是不是电脑端来的，或者如何将电脑端和无线来源区隔开来，找到重合度呢？

美工的最大目标就是研究访问深度。有访问深度，就表示美工的工作做到位了。

美工不仅仅是美工，美工其实就是运营。

万事万物都有结构和细节。美工就是塑造店铺结构的工程师，也是塑造店铺灵魂的工程师；美工是一切运营思想的具体表现形式，是塑造商业姿态的核心。

运营转身未必做得了美工，但美工转身做运营者比比皆是。

笔者要在这里给美工点个赞，你们也要把美工的重要性往上提一提。

（3）客服团队有时候就是销售经理。客服做的就是临门一脚的事情。虽然店铺把客户说动心了，最后一脚却需要客服推一把，尤其是复杂的、高客单价的商品，老板亲自上线的转化率一般都很高，你得把本事教给下面的人，老板要不厌其烦地做教练。

售后重效率、重承诺，买卖不成情义在。

2. **老板即教练**

首先，老板要做好战略规划，驾驭供应链、现金流。一把手电商这话不是随便说说的，真的是“兵熊熊一个，将熊熊一窝”“一将无能，累死三军”。

其次，老板虽然未必直接参与运营管理细节，但是需要有足够的能力去解构运营的执行计划。对运营在推广、价格、促销设计等方面的行为要有朴素解构的能力，最好是能教授运营科学的运营策略。

最后，为了保障团队的组织安全，降低团队内的人员流动对经营的负面影响，老板需要刻意安排内部人员轮岗，如半年、一年左右，人员相互调动一下岗位。这个方法能促进人的全面成长，提升人对其他岗位的认识和理解，也能保障团队的长远发展和组织安全。

3. **数据训练**

建设团队和训练团队里的人，除了轮岗、培训，在日常工作中还有什么好用的方法呢？笔者在这里给大家分享两个方法。

（1）第一个方法：建立店铺日记制度。让每个人都能轮流填写数据、解读数据，能对数据进行纠错。

一个员工对公司整体的具体运营数据有清晰、完整的理解之后，就能理解自己岗位的价值是什么，也能理解其他人员的岗位价值是什么，这会极大地促进内部的相互理解并大幅度改善沟通。比如首页抵达率、访问深度、转化率、店铺战斗力、销售战斗力等。笔者有一个简单又好用的数据表格工具，叫作店铺日记，后面将详细讲解。

（2）第二个方法：“聚划算竞猜”。可以每周安排 1 ~ 2 次聚划算的竞猜活动。具体做法是：在开团前，选定一个聚划算频道的链接，大家猜到 16：00 的销量是多少。普通员工掏 5 元，主管掏 10 元，老板掏 50 元，凑一起，奖励给猜得最接近的那个人。

可以让每个人在看到主图时猜一个数字，看完详情后再猜一个数字，看完首页后再猜一个数字，搜索完同行业的数据后再猜一个数字，层层递进，不断训练每个人的“三观”。最后确定一个数字，作为竞猜数字报上来。

当天截至16：00，数据公布之后，预测最靠谱的人赢走全部的钱，最离谱的人追加罚款5元，一并交给最靠谱的竞猜者。最后还要这两位发表一下感言。

所有人在上班的当天，肯定都是兴奋的，也能在不断地猜测中增长经验，提升业务敏感度。每个人都可以主持这个竞猜活动。

这种竞猜，可以是自己行业的，也可以跨行业。

如果遇到两个同行同一天上聚划算就更好玩了，尤其是排名挨在一起的人同时进行竞猜。

猜得多了，人们会对店铺要素的认识变得非常敏感，这也是很好的培训方法，而且成本很低，效果很好。

第二章

Chapter 2

什么是电商

有人把电商看作救命稻草，有人把电商看作简单的渠道方式，有人把电商看作只要砸钱买流量就能做好的生意。当然，也有人到今天还是看不懂电商。

电商零售和线下零售之间的本质差别是没有的，所有的差别仅仅是形式上的差别，但形式上的差别很重要，弄明白了才有可能把电商做好。核心还是要站在消费者的角度看这个问题，因为不管是线上还是线下，最终掏钱的都是终端的消费者，他们是同一群人。

一、电商和线下的区别

假设你在线上、线下各开了一家服装店，线下店铺叫 A 店，线上店铺叫 B 店。

A 店的主要劣势：覆盖面有限，或许只能覆盖方圆 5 公里，再远一点的买家不会来。

B 店的主要优势：覆盖面无限大，理论上只要消费者想进入你的店铺，都是可以做到的。

A 店的劣势恰恰被 B 店很好地弥补上。

B 店的劣势：消费者无法获得直观的产品感受和服务感受，很多体验需要完成交易才能获得，导致消费者需要获得更多的信息支撑（比如累计销量、评价、比价等），从而做出购买决定。

而在 A 店环境中，销售员可以不必等待顾客开口，就可以根据顾客的衣着、气质、年龄等细节信息主动开口切入交谈。对于某种一件没卖的货品，也可以跟顾客推荐得像快要脱销一样。

在 B 店，顾客静默购买是最美好的事情，如果顾客一句话都不说，我们的客服销售有再好的武功也是白搭。如何提升静默购买率，后面将会讲到。

消费者选择 B 店的原因有很多，但最重要的因素就是：店铺必须是第一眼看起来就有竞争力的店铺。

这些竞争力的来源包括店铺运作的方方面面，比如品牌、定位、价格、产品外观、功能、文化品位、美感、个性、好评、包装、营销、结构、完整性、赠品、页面品质、业务逻辑等。

线上和线下，本质区别只有一个：是否费腿脚！

二、线上购物的乐趣

（1）选择更多。如果你要买一个电饭锅，到一个家电卖场可选的品种也就几十种，线上有几万种让你选择。假如你要买一个韩国的福库电饭锅，线下不好找到，在线上 1 秒钟就能找到。

（2）价格更实在。毋庸置疑，如果你是电商购物达人，富有经验，被宰的概率几乎是零。

（3）不用出门。有人会问不用出门是很大的优势吗？

走路当然比较辛苦！

挤公交也是！

打车呢？如果你所在的城市每次能在 10 分钟内拦到空的出租车，那么会让一大批人羡慕不已。

坐地铁如何？也可能会比较拥挤。

开车呢？开车就幸福吗？一脚油门一脚刹车到达目的地，你该祈祷一定要有一个空车位等着你。

这还是在你的确知道你要购买的商品在哪一条街、哪一家店的情况下才能出门购物，还不说刮风下雨、严寒酷暑可能会阻挡你出门的脚步，花点时间居家享受天伦之乐、旅游休闲不是更好吗？有什么比货品直接送到家门口更让人开心的呢！

如果出门不便利，时间成本过高，电商就会保持高速成长，会快过线下零售的增速。

相比线下，线上的最大特点就是不费腿脚。

相比线下，线上的快速成长成为可能，但是需要有更大气、更完整的品牌展示能力，更便利、更省心的服务动作作为支撑。

在线下要想获得快速成长，极大的资金成本和时间成本必不可少。

在线上要想获得快速成长，拥有比同行高出一大截的资源整合能力则成为关键。最核心的整合是人才的整合，以及符合线上业务的思维构建的完整性。

本书会多次提到流量不是最核心的第一要素，能够承载首次流量和从消费者端扩充流量的能力才是电商零售的核心竞争力。

成交才是生意的开始。

在线下，卖出 100 件货，可能店内的 10 款库存都能各自卖出 5 ~ 10 件。因为线下是销售端驱动型，消费者比较容易被销售员引导，一定程度上是卖方主导销售，甚至可以做到以库存指导销售。

在线上，简单地以库存指导销售将会十分危险。

消费者的购买分为静默购买和咨询购买。

静默购买的买家经验丰富、讲求效率、更有钱，强大的自信让这部分消费者可以自行做购买决定。其参考要素很多，融合在一起就是消费者对卖家的整体判断。

而咨询购买是获取更多信息和信任的延伸。在咨询购买之前，消费者也有一个形成整体判断的过程。

消费者是否喜欢你，消费者是否认为你比别家更值得购买及买哪一款，成为消费者自行决定的内容。线上是明显的消费者主导型。

消费者在未见到卖家、未见到货品的时候，需要获得的是信任感和安全感，以至于销量比较大、评价比较好的单品成为爆款。

对于打造爆款，主要是引导和自然养成的结果。卖家可以运用的仅仅是平衡手法，强力扭转难度比较大，也有风险。

一个不容忽视的现象是，从电商诞生到现在，这一消费模式在不断地吸引更多的人进行网购消费，已经有一定规模的消费群体养成了网购的消费习惯，有些消费者的网购消费支出占实际消费支出总额的 50%，甚至更高。

值得注意的是，伴随互联网普及而成长起来的新消费群体的网购行为越来越普及，这些人也一定会逐渐成长为社会零售消费的主力军。

线下的竞争相对不直接，消费者很难在时间成本和空间成本极低的条件下完成对比；而线上竞争刚好是彻底开放的，是异常激烈的。例如，消费者要完成广州和北京两家商户的产品对比几乎只是 1 秒钟的事情。由于没有地域和时间的实际限制，各品牌的同类型产品之间的对比和竞争成为

近身肉搏，线上的市场机制不自主地促使零售品价格趋于下行，增加了成本和价格的透明度，这就从一定程度上形成了“消费民主”，这也是消费者喜闻乐见的。

线上业务决定性的时刻不是消费者看到你，而是消费者如何整体判断你，以及判断之后的行为。前 3 秒决定是否继续花时间了解你，随后 3 分钟观摩你，最后 1 秒决定是否选择你。没错，消费者放弃一家店铺的决定瞬间就会做出。

线上和线下不同，但“商”的本质是一样的。

归纳起来，就是线上线下两者的“商”的本质是相同的。这种本质上的相同源自消费者的同等期待，销售形式和销售路径的改变并不会削弱消费者一贯的认知和期待，决定品牌生死成败的核心因素同样是消费者。

第三章

Chapter 3

线上的消费者

准确认识消费者，是一项需要仔细钻研的工作。

一、零售的基本特点

1. 品牌的被动性

无论品牌方如何主动，从消费者的角度来说，品牌方都是被动的。

也就是说，品牌方无法获得绝对意义上的主动性。

绝大多数情况下，消费者选择一个品牌拥有绝对的主动权，抛弃一个品牌也拥有绝对的主动权。

消费者并不会在意品牌的情怀，他们抛弃任何一个品牌都不会有负罪感。供给端越丰富，市场越成熟，消费者就越薄情。

品牌的被动性，无可争议地证明了消费者的权力。

品牌的被动性提示的是品牌的主要努力方向不应该是蝇营狗苟的营销技巧，而应该将注意力放在消费者所能感知到的产品、设计、工艺、服务、商业姿态、品牌气质等方面。

零售交易基本上都发生在陌生人之间，所谓的依靠社交关系实现零售转型并不是主流。

尽管我们很熟悉并且喜欢李安导演，但我们与李安导演之间仍然是陌生人关系。

消费者在进行消费决策的时候，大多都希望不被过度打扰，比如自选超市的魅力大过集市摊档。恰巧，网购主力消费人群常常喜欢静默下单。

零售完全不同于理性的商业采购，绝大多数的零售场景并不存在买卖双方的谈判。在消费者做购买决定之前，品牌都是在用静默的方式进行自我表达。

零售品牌需要重视零售底层逻辑，品牌的核心追求应该是谋求品质优秀、审美契合、场景贴切、服务可靠和渠道便利等。

品牌的主动性首先应该表现在内部，其对外部消费者的被动性不可能被完全扭转过来，这是不可动摇的基本规律。做品牌零售需要更多地相信自然，不能过分地相信人力。这一特征在充分竞争的电商零售渠道表现得尤为明显。

2. **消费者的感性**

在绝大多数情况下，消费者选择商品的时候是感性占据主导。

赚钱是理性的，也是辛苦的，而消费则是感性的。只有感性的消费才是符合消费者内心需要的，花钱的时候太费脑不是一件幸福的事情。王尔德说："人是理性动物，但当他被要求按照理性的要求行动时，可就要发脾气了。"

人们对于品牌的追捧，对于审美的需求，都是感性的。与品牌相对应的商业采购（B2B），是相对理性的。

小品牌很感性地执着消费者的理性需求。

大品牌很理性地兼顾消费者的感性需求。

尽管如此，零售市场的"三观"基本是正常的，绝大多数的商业成功来源于"守正出奇"，并不来源于单纯的"出奇"。

虽然零售是感性的，但我们不能将消费者的感性选择认为是不靠谱的，消费者对于自己的智力、经验和对抗风险的能力是具有绝对的自信的。

正视并且重视感性的力量，是做品牌零售工作的理性要求。

人们无一不存活在精神的世界中。因此，零售不仅仅是要解决人们的基础需求，还要迎合人们的心理需求。物质和精神并不是割裂开来的。

消费者的可爱之处，是会天然地捍卫自己的消费选择，除非消费者太过失望。因为"消费选择"行为本身就是一个人的个性、兴趣、经验、品位、认知水平的具体体现。也就是说，一个人怎样花钱，就表示他是怎样的人。

在卖方看来，消费者在零售场景中的感性表现可能显得肤浅，但这就是零售的真相。每个人只能熟悉自己行业内的知识，只要能够买到想要的东西，肤浅一点又有什么不妥呢？其实也没有什么不妥。

零售品牌想要长远地发展，需要认识到消费者的无知和肤浅，但又不能选择偏狭地利用消费者的无知和肤浅，而应该对消费者抱有巨大的同情，以真诚的产品和服务赢得消费者，摒弃"窃贼一般的欢喜"。

3. 供需双方的发展变化

在物资短缺的年代，零售市场是生硬的，粗鄙而野蛮，市场供给缺乏多样性，品牌的概念十分模糊，价格是零售市场最敏感的神经。

进入供给富余、产能过剩的年代，零售市场慢慢变得柔软起来，精细而文明，市场供给丰富多样，品牌属性的影响力越来越大，价格不再是市场最敏感的神经，取而代之的是具有饱满象征意义的品牌。

市场越成熟，消费者越在乎品质、效率和尊严。消费行为本身也是在谋求快乐和尊严。

如同文学、音乐、电影可以生长出很多类别一样，成熟的零售市场也会生长出许多不同的需求，比如汽车行业就能分出各种级别、各种类型、各种尺寸、各种设计风格的产品。每一个零售品牌都有无限成长的空间，重点在于如何提升供给水平，建立独特且受到市场欢迎的竞争优势。

作为零售市场的参与者，首要关注的问题不是社会零售总额是多少，而是这些社会零售总额的去向是什么。从宏观到微观，再去对比时间维度和区域纬度，得到的判断才会更具体、更客观，这种思考才有较为具体的现实指导意义。

一方面，市场的需求方在得到供给方提供的具体化解决方案后，他们的经验会不断积累，并不断对供给方提出新的要求；另一方面，市场供给方为了争夺消费者，会使出浑身解数不断提升供给水平。因此，供需双方都处于发展变化之中。

对消费者而言，消费行为本身既是生活的重要方式，也是生活的重要目标。

消费者选择一个品牌的时候，大致已经解决了“认知”和“对比”两个问题。对应消费者的生活方式，供给方需要满足消费者的基础需求；对应消费者的生活目标，供给方需要满足消费者的精神需求。

二、中国消费者

市场是消费者的需求、认知和购买力的总和。

中国市场已经开始离开价格洼地，同时也要离开品质洼地。

中国零售市场的变化，大致有如下五点：

1. **人口分布变化**

中国市场的变化本质上是消费者结构变化，消费者结构变化除了原有消费者的升级（人口需求结构）、新旧人口的代际更替（人口代际结构），还有一个变化就是人口持续城镇化（人口分布结构）。

人口城镇化不等同“北、上、广、深”化，也不等同超大型城市化，其实质更侧重农村人口脱离土地并融入城市生活。城市的资源和吸引力实在太强大，似乎任何力量都无法阻止人口向“北、上、广、深”聚集，直到不断攀升的房价构筑了一道明确的壁垒，于是就开始出现一些所谓的逃离“北、上、广、深”的企业和人口，城市对于人口净流入的长期吸引力是不可忽视的。无论是逃离还是放弃，都不是什么不得了的事情。中小城市将会逐步迎来发展机遇，中小城市将不再是落后和无所作为的代名词，大城市积累下来的城市文明和治理经验将逐步向中小城市和新区扩散。

城市化进程正在从浅表城市化向深度城市化推进。

需求越下沉、越分散，市场对接的成本就越高。渠道不断下沉的成本太高会约束渠道铺设的点的数量，使其被控制在需求和供给的平衡点附近波动。而中国正在不断进行的城市化、教育普及和人口流动会极大地缓解经济发展水平的不平衡所带来的市场分化。

人口越来越聚集，城市规划越来越明朗，零售布局则越来越简洁和高效。

城市化的根源驱动力在于经济发展对于效率的追求，人口更加集中，物流成本才能降低，渠道的效率才能够获得提升，公共资源才能得到更充分的利用，由此降低社会运行的总体成本。

未来的市场主体只有两个：**一是城市市场；二是小城镇市场。**

纯粹的农村市场将会逐渐式微，零售渠道下沉到小城镇就到底了。

农村里的青壮年在不断地减少，很多地方已经看不见耕牛、看不见圈养猪，甚至慢慢地也没有人养鸡了，你便知道中国的农村变了，彻底变了。农民开始在城镇买房，孩子开始进城读书。当数量庞大的农村全部实现村村通公路、通网络，农村有路灯、广场、垃圾箱的时候，农民有电动车、摩托车、汽车的时候，你便知道农村已经有效地和城镇连接起来了。

未来的城际交通网络仍然会快速发展，高铁和城市轨道交通同样会快速发展，通信技术会越来越成熟、高效和普及。城市与城市之间的地理区隔将越来越弱化，城市与城市之间将出现更多的融合。

中国市场中的零售品牌的首要任务将从片面追求工厂式的供给数量转变为巩固和提升供给水平和品质，至于规模和市场占有量，都将是基于供给品质竞争力之后的自然成长结果。

中国零售市场，将出现产品越来越诚恳，营销越来越朴素的特点。

发展的道路不可能一帆风顺，任何事物都有两面性，悲观的论调不一定就是理智和正确的代名词。

2. 人口结构变化

如果仔细思考，你会发现人口代际的变化并不是每二十年做一次调整，真实的代际更迭是每天都在发生的潜移默化的改变。每天都会有人在老去，每天都会有人在成长，一个一个细微的个体的新陈代谢，汇合成一个全新的消费者结构变迁。

处于中国市场不同发展阶段的人口，其收入水平、购买力也是在经济发展大潮中不断变化和提升的。

人口结构变化还体现在义务教育普及和高等教育扩招方面。目前中国新青年人口的高等教育普及率已经接近 50%，未来这一比值还会不断提高。

新阶段的人口结构中有绝对数量的消费者是互联网用户，他们通过互联网获取资讯、开展工作，并进行直接的消费。

人口结构变化的另一个重要发展趋势是大量“小家庭”的涌现，出现这种现象的原因比较复杂，是复合性的。“小家庭”现象包括如下几种形式：

①单身独居。根据调查数据，中国现阶段处于单身独居状态的成年人口已经接近 1 亿。

②同居未婚。

③婚后未育，或晚育，或丁克。

④“大家庭”长期拆分居住。如城乡分居、夫妻两地分居、老人独自生活等。

许多人会选择晚婚晚育，这就使许许多多的“小家庭”的实际存续时间延长。

在社会供给方面，“小家庭”和“大家庭”的需求会有很大的区别，零售品牌就需要关注住房设计、汽车设计、食品包装规格、餐饮台位比例配置、家居用品规格等诸多方面的变化。

3. 人口需求变化

中国零售市场是五年一小变、十年一大变。中国市场越发达，消费者就越成熟、越淡定。

世界各地的市场都不一样，有的市场追求精细，有的市场追求优雅，有的市场追求实用，有的市场追求豪华等。中国市场有一个特点，就是购买力和消费者的文化认知能力是相匹配发展的。

庞大的市场催生出多样化的需求，当供给不能够为需求提供便利的购买通道的时候，互联网就扮演了十分重要的角色。这种供需双方的对接方式越来越受到供需双方的重视。

或许，在某些人眼里中国市场是一个没有文化的市场，市场中出现的少部分现象给人以中国消费者缺乏智慧、中国人没有文化鉴赏能力、中国人的审美能力普遍低下等错误观念，具有这样思想的人并不完全了解中国市场的广度和细节，这样是做不好零售品牌的。

我有一言，诸君试听。

语言是文化的切实载体，也是人的思想方式。汉语言无疑是表现力至大至微的精深语种之一。

以个人的浅薄观察，即便是再偏远的角落，也有许多未正经上过学堂却有一身做人处世好学问的老人家，受人尊敬，哪里像是没有文化的样子。

大概深明熟用汉语言，便是有文化的中国人，其道德、审美、智力都有坚实的根源和自信，绝非无本无源。

今时今日，凡做零售的企业，不妨高看中国消费者一眼。于人的角度而言，一分能力即是一分需求，当谨慎揣摩。

说到底，中华传统文化从未曾远人一小步，回头还是要花一点时间沉浸进去。文理本一体，方得大滋养。研究中国市场，需要钻研汉语言，读一点经史原典。若开口便是传统必腐朽之论，且不说慌了门路无益，单自负浅陋一条，也足是可惜了。

资源型经济的市场普遍存在的文化和科技落后现象在中国整体市场中不存在普遍性，中国市场是一个购买力和消费者文化认知能力相匹配发展的市场。

如果将中国内部的市场进行细分，地区之间也会有所差异，但这种差异正在不断趋向弥合统一。

市场成熟，意味着消费者的选择权被放大，消费者见多识广，消费者富有经验，消费选择的效率有保障。

需要注意的是，消费者喜欢开业时你就准备好了零售产品的零售场景，他们没有任何意愿和耐心去等待一个品牌变得成熟，他们的眼里只有两个选择：成熟的老品牌和惊艳的新品牌。

许多品质低劣、价格低廉的商品会逐渐被市场淘汰，因为这是伤害买卖双方尊严的事情。

创业这条道路越来越无法“试试看”，也越来越无法“缓慢提升”。市场的期待是新品牌一开始就要具备竞争力，竞争力就是吸引力，吸引力就是品牌。消费者的成熟和绝情是成正比的。创业的门槛从粗糙往精细方向变化。

成熟的消费者向来都是市场的主体。对于创业者来说，好消息是成熟的消费者往往比较宽容，不容易产生交易纠纷；坏消息是他们也非常绝情，因为他们很少会真正地原谅糟糕的细节。

当牛排和海鲜的销量在持续增长的时候，方便面、麻辣烫的销量下滑并不能说明市场发展出了问题。

当健身卡的销量增长的时候，所谓的保健品的销量下滑也不能说明市场发展出了问题。

市场发展的方向，必定是往更好和更有尊严的方向发展。至少在感性消费层面，会给人以更确切的尊严。

4. 消费路径变化

中国零售市场消费路径变化的最大特征是电商路径占比份额的持续增长，重点是“持续增长”，并且是在成长为巨大体量之后仍旧保持了大幅度快于总体社会零售总额增长的速度在增长。一个零售品牌，在一年内通过电子商务路径卖出100亿元都算不上是新闻。

电商的迷人之处在于：

①消费者随着自身网购经验的增长，知道如何可以买到靠谱的产品。有许多商品在网上买的确很方便，也很靠谱，不上网买才是不正常的。退一万步讲，不满意退货也是分分钟就能搞定的事情。

②已经有一定数量的主流消费者（保守估计应该有1.2亿人以上）将网购作为最主要的消费方式，他们会将每月个人消费支出的一半甚至更多的支出花在网购上。

所以，不必考虑电商本身会不会被新鲜玩意儿淘汰，品牌应该多考虑如何塑造竞争优势，不要被别人压着就行了。

多相信自然规律，少相信人力造作。

目前，没有任何迹象表明电商渠道会在中国零售市场失势，只有底层竞争力缺乏的品牌才会面临电商领域的失势，他们需要线下市场的地域区隔所形成的部分竞争缺位的保护。

能够持续贴合消费者的物质和精神预期，持续给予消费者信心的零售品牌将会在线上和线下同时取得巨大的成功，电商将会加快供给水平低下的品牌的消亡步伐。一个无法应对线上近身肉搏的零售品牌，在线下一样会日渐艰难。

需要思考的一个问题是，如果到新生代的消费者持续迭代渐渐成为整个社会消费人口的主体的那一天，线下的销售模式是否还能保持收益和成本之间的微弱平衡？标准品类的风险与非标准品类的风险一定是不一样的。

小生意观一隅，中生意观一脉，大生意观天下。

5. 人的价值提升

每隔一段时间，制造业都会面临一次生产资料价格上涨的风潮，有许多制造型小企业会因此陷入更为严峻的生存困境。如何看待这种现象呢？生产资料价格上涨的本质是什么？

这是一种非常正常的现象，生产资料价格上涨的本质是人的价值提升。

随着市场融合、城乡融合、教育普及和消费提升等因素的持续作用，消费者的眼界、能力和需求都得到了提升，人的价值持续提升就成了必然。越来越多的人不愿意做收入微薄的工作，越来越多的消费者放弃购买低质低价的商品。当整个社会的供给水平和购买力都获得提升的时候，社会零售总额的价值就获得了提升。低质低价的商品会逐渐失去市场，落后的技术和产能必定遭到淘汰。

可以说，一切商品价格都是劳资双方价值的体现，都是人的价值的体现。

品牌运营成熟度包括企业愿景、战略决策、竞争应对中的变与不变、执行标准保障、品质稳定性等。

市场成熟度包括市场供应状况、市场便利度、信息开放度、消费者信息接收途径、消费者视野、市场购买力等。

市场的尴尬在于消费意愿准备好了，而市场供给没有准备好。比如你所在公司的楼下新开了一家星巴克，每天都顾客盈门，大排长队，这大概说明这家星巴克开得有一点晚了。

市场有其自身的铁律，它从不亏待最优的供给者，只要你足够优秀，市场就会足够热爱你。

有一件事情是确定的，中国消费者日益回归选择国内的优质产品和服务，价格并不是最重要的影响因素。

恰当的品质是维护买方的尊严，恰当的价格是维护卖方的尊严。归根结底，都是在维护人的尊严。

我们的制造业总量无疑是全世界领先的，但我们的品牌的零售水平并不是最高的。许多优秀的制造企业需要跨过这道坎，有4个难点需要跨越：

①业务逻辑和产品设计、产品结构设计的细节再造。

②为消费者提供省心、效率和信心。

③零售品牌形象的雕琢。

④产品和零售管理团队的再造。

中国是一个庞大的市场，有些零售品牌擅长做国外市场，国内市场的表现却乏善可陈，这不是好事情。细看之后，所谓的国外市场许多是以低端市场为主，那些产品依靠的仅仅是价格优势，离品牌影响力还差得比较远。如果相应市场发生变化，或者市场完成原始积累，就会失去市场。只有扎根国内市场的品牌，在国内市场受到足够的尊重，在国际市场才能受到应有的尊重。

消费者的认知提升得益于经济发展、人口结构的更替、教育普及和信息畅通，无论是企业还是个人，想通过精致的套路和信息不对称来获得“窃贼一般的欢喜”越来越难。市场开始逼迫零售品牌回归诚恳呆板的道路，这关乎买卖双方的尊严和市场发展的大趋势。

市场越开放自由，渠道越通畅高效，市场发挥的引导、约束和警示作用就越明显。

在中国这样一个需求庞大、供给庞杂的市场，零售品牌出现高速增长是十分常见的事情。单一品牌的年增长率与行业状况持平表示这个品牌是在吃老本，年度增长率达30%以上才能够证明品牌运营的卓越有力。再去深挖品牌增长的具体原因，大致是该品牌提升了产品竞争力和品牌气质，其他都不太可能是主要原因，而背后的核心要素则是人才和经营思想。

中国市场过去40年的高速发展过程，也是一个不断被质疑、不断被批判的过程。在新常态下，一样可以乐观地期待中国市场将从野蛮生长迈向精致发展的阶段。如果没有低端制造业的起步，高端制造业就像空中楼阁；如果没有野蛮生长阶段，精致优雅的中国市场也就无从谈起。世间的道路向来都是曲折的，不能因为遇见了曲折的道路就看不见未来，中国市场继续往前发展也是一个必然趋势。中国人有自己的智慧，中国市场会不断塑造属于自己的荣耀。

三、线上消费者

消费者是我们唯一需要花费精力潜心研究的对象，和这件事情比起来，其他的都不叫事儿！**不懂消费者，你将一事无成。**本书的内容，也都是站在消费者的角度去反思业务逻辑，以及完善细节。

这里主要分四部分来讲。

1. 消费者的需求

具体内容如下：

（1）准确性和完整性。消费者需要在最短的时间里清楚你所表达的内容是什么，关键信息点有没有说清楚，这是每时每刻都要检讨的。还要关注所有传达的信息是否保持了统一性，并且注意呈现风格的统一性。

（2）安全感。消费者关注细节和品质感，也关注评价和累计销量，其目的是获得参考指标，收集支持自己做购买决定的有效元素——安全感。

买卖双方什么时候拥有绝对的平等呢？还没有达成交易的时候。

一旦达成交易，买方则不可避免地处于弱势地位。

卖方若因为洞悉了买方的弱势地位而暗自庆幸，甚至加以利用，终究不是长久的生意之道。

消费者的诉求其实是很本分的，就是不要花冤枉钱。消费者追求的是符合常理的平等，并不会苛求超出期望的惊喜。

（3）基本需求。简而言之，基本需求就是产品的有效性和便利性。

基本需求是刚性的。打个比方，去麦当劳花 20 元，你的需求就是吃饱。只要环境干净、速度快、味道过得去、食品是安全的，基本上就没有别的需求了。如果要求服务员随时站在你身边给你递纸巾，你的需求就太高了。

（4）心理需求。这个需求几乎是无法量化的，但又不能忽视这种需求的决定性作用。大致说来，心理层面的需求是柔软的。

心理需求包括环境、品质感、气质、文化内涵、细节完美、色调、风格、文案、美感度、统一性、品牌感、完整性等。笼统地说，心理需求是一种内在的感觉。你逛大店的时候，这些需求都会有，甚至会因为一张海报或者一种装修风格而对某个卖家产生极大的信任，并且会变得更加宽容，而且很可能因此降低对价格的敏感度。某一时刻，你还可能产生崇拜。

这个层面的差异，是造成以呈现为前提的电商巨大差距的核心原因之一。

打个比方，你去星巴克的目的绝不是解渴。你要的是环境，你要的是在那个环境下读书、上网、聊天、谈恋爱，或者就是去发呆，买杯饮料是为了表示礼貌。总之，你的需求不是买杯水解渴。

（5）传播需求。人是社会性的，个人生活中的任何一个事件都可能成为你与他人交流的话题。

（6）惊喜。给消费者创造超出期望的惊喜，是差异化竞争的必要手段。

能够生产的产品几乎都生产出来了，能够得到消费者认同的品牌才有更高的溢价能力。

（7）契合价值观。这是指品牌形成消费者拥趸，消费者爱上了一个品牌。现实生活中，这样的品牌和卖家比比皆是。作为生意人，你需要关注这些现象是如何产生的，尤其是有实力的品牌企业，更要注意这个层面的竞争力。

2. 卖家的结构和买家的结构

电商业务中的卖家结构和买家结构真的和大多数人想象的一样吗？

比较容易理解的是：**电商总交易额中的80%归属于20%的卖家，而剩下的20%的交易额被80%的卖家分掉了。**

顶部卖家和底部卖家的平均收入差距有16倍之多。所以，很多人觉得不公平，要均流量，要均天下，这是不切实际的想法。不单单是线上，线下也是如此。

这里要提醒的是，认为流量是可以被均分的读者要深刻反思一下，这件事情除了不符合商业逻辑，更重要的是不符合消费者的需求，也是与经济运行效率相违背的。

流量不是呆头鹅，每一个流量都是一个活生生的人，很多人买东西是直接搜索品牌或直接搜索店铺，甚至直接绕开搜索的人也不在少数。消费者今天就是要买某家店铺的衣服，这是谁也拦不住的。

需要留意的是，卖家层面的市场占有率分化不仅不会缓和，还会继续强化。

比较少被人看到的是：**电商交易额中的80%来自仅仅20%的消费者，而剩下的80%的流量却只贡献了20%的交易额。**

这是真的。这20%的消费者才是网购的主力军，他们是极富经验、极为聪明、极为敏感、极有追求的人，他们或许对价格没有那么敏感，他们的消费行为或许还有隐含的价值观。能够承接这个消费人群的卖家，必定是顶端的10% ~20%的卖家。

如果你不能展现一种符合核心消费人群的价值取向的姿态，就永远没有机会抓住网购核心人群，也就无法抓住他们的心理，这意味着他们的钱包不会向你敞开。

如果你的店铺展现了符合核心消费人群价值取向的零售姿态，即便暂时属于底层店铺群体，用不了多久，店铺也会跻身更高的层级。这几乎是一定的。

如果你只专注搞流量，谁会来呢？那80%的消费人群会来。那20%的消费人群是不会来的，就算来了也会立马走掉，就算购买，也仅仅是偶然的购买行为，不存在任何必然性。所以，你的业绩才会飘忽不定。

那80%的消费人群是干什么的？他们是来逛的，是来找活动优惠的，是来找低价的，是来攒淘金币的，还有可能会来点你的推广。但是随着时间的推移，他们越来越有经验，也会变得有追求，更会变得对价格不敏感，那时候你的危机感就更大了。

年销售额1500万元，都未必能达到当前天猫平台年度单店铺销售额的平均值。

3. 消费者的购买特点

有上一部分买家结构的思维打底，我们就可以把消费人群分为两类：核心消费者和非核心消费者。

（1）非核心消费者的购买特点。

➢ 人数占比偏大。

➢ 年龄偏小。

➢ 价格敏感。

➢ 经验欠缺。

➢ 时间充裕。

➢ 偏好咨询购买。

➢ 购物路径比较长。

➢ 售后服务麻烦。

➢ 不容易被满足。

➢ 需要安全感。

（2）核心消费者的购买特点。

➢ 人数占比偏小。

➢ 年龄偏大。

➢ 价格敏感度低。

➢ 经验丰富。

➢ 讲求效率。

➢ 偏好静默购买。

➢ 购物路径比较短。

➢ 售后服务简单。

➢ 容易被满足。

➢ 需要安全感。

➢ 有价值观追求。

➢ 思维敏感度高。

（3）卖是深刻的，买是肤浅的。电商本质上是零售，这和我们常做的B2B完全不一样。B2C不是请客吃饭，零售对接的就是掏钱的主儿，我们要做的事情是说服消费者买单。

与零售对应的是采购，这是完全从理性层面、财务角度思考的购买行为。

在采购的眼里，一台发动机和一台跑车是一样的。采购关注的是品质、账期、利润、交货方式等没“人性”的核心要素。

在消费者眼里，一台发动机是没有任何情感的，也是没有任何价值的。但是普通消费者面对一台跑车的时候，他的内心就开始荡漾了——在夕阳下，开着敞篷车，从椰树林旁边飞驰而过……

在采购的眼里，一条白花花的五花肉和一盘刚刚炒好的回锅肉是一样的；但是在吃货的眼里，这是完全不同的两种东西。

采购永远都对价格敏感，而终端零售消费者不是。终端零售消费者仅仅关注内心的感受。感受到了，感觉对了，多花点钱也无所谓。

买卖，一定是一件非常严肃的事情；

消费，则是一件相对随意，跟随内心感受的事情。

卖，是深刻的；

买，是肤浅的。

无论是谁，都具有两面性。

我们赚钱很辛苦，谁愿意花钱还那么辛苦呢？消费原本就应该是一件非常愉快的事情，否则就违背人性了。

时常有人说如何导流量，似乎流量是没有思想的呆头鹅，箭头指向哪里，流量就会去哪里，似乎只要你能够指引顾客去星巴克，麦当劳的顾客也会跟着过去。

很多人认为电商平台的流量是水，给个阀门流量就流过去了。实际上，流量是空气，是无法被人掌控的。流量也有自主性，会决定自己去哪里，会决定在什么样的店铺下单购买。

4. 产品销售的“二八”法则

线下的业务，假如一个店铺有10种单品，一共卖出100件。那么，或许每件单品都能卖出一些，典型的货品流转结构可能是各卖出20、15、14、13、11、7、6、5、5、4件。

而在线上，比较典型的结果可能是分别卖出55、19、11、6、3、3、2、1、0、0、0件。

为什么会这样？

正如前文所述，线下业务是卖家主导型，导购员可以和消费者进行更直接的对话，甚至可以根据消费者的衣着、谈吐、目光关注点适时切入进行推荐，也能够不断用 PMP 的方式进行说服。如果一位导购员把一件没卖的商品说得跟脱销一样也不是不可能，消费者是无从验证的，因为买方和卖方的信息不对称。

线上业务是买家主导型，有大量的购买决定是由消费者单方面做出的，卖方对消费者的引导力非常有限。

消费者会趋向售卖量比较大、评价比较好的单品，这样更加具有安全感，也符合大众价值观的趋同性。

这或许就是我们通常理解的二八（有时候会是三七，有时候会是一九）法则。平均主义的事情是永远都不会发生的。

这个特征也在侧面印证了店铺内“唱戏”的产品不会太多，你疯狂扩充品类可能得不偿失。一个店铺内撑场面的产品就几款，你整出十来个品类实在是不靠谱。如果你还停留在线下思维模式，没有早一点发掘这一特征，实在有点不应该。除非你强大到拥有巨大的体量，才值得你在一个渠道里铺开多个品类。

第四章

Chapter 4

消费者的审美本能

除了生产，其余的都是审美。

人们总是拿技术和品质说事儿，却忘记了审美的影响力。

人们评价一幅摄影作品的时候，是在审美；

人们评价一部电影的水准的时候，是在审美；

人们在观摩一栋建筑或一条街道的时候，是在审美；

人们在山顶观看日出的时候，是在审美；

人们置身于一家优雅的餐厅、独自把玩腕上的手表、挑选一款心仪的汽车、思索全身的服饰搭配、与设计师讨论新房装修方案的时候，都是在审美。

在零售消费市场，审美是无处不在的。承认这一点并不肤浅。几乎所有成功的品牌的设计也是成功的，在审美上没有明显的硬伤。这到底是一种巧合还是一种必然？

一款本来卖得还不错的汽车，在经历了换代改款之后，销量一落千丈。不用问，首要原因必定是失败的外观设计。这种例子实在太多了。

中国人有一种典型的审美能力，这种能力就是普遍性地对于“意境”的感知能力和理解能力。比如：

高山流水

中国人能够理解这四个字朴素的表面含义，也能理解这四个字引申出来的高远、宽广的含义。

天净沙·秋思

枯藤老树昏鸦，
小桥流水人家，
古道西风瘦马。
夕阳西下，
断肠人在天涯。

我们不仅能看见画面，还能通过这些简单的文字联想到更为高远深邃的意境和韵味。这是中国文字的魅力，也是熟练掌握汉语言的中国消费者独特的认知能力。

祝枝山在书法方面的名望甚高，其实他的诗文也写得很好。我们来看看《四库全书总目提要》是如何进行描绘的：

> 诗取材颇富，造语颇妍，下撷晚唐，上薄六代，往往得其一体；其文潇洒自如，不甚倚门傍户，虽无江山万里之巨观，而一丘一壑，时复有致。

中国文字的朴素手法和囊括能力由此可见一斑。

锦瑟

锦瑟无端五十弦，
一弦一柱思华年。
庄生晓梦迷蝴蝶，
望帝春心托杜鹃。
沧海月明珠有泪，
蓝田日暖玉生烟。
此情可待成追忆，
只是当时已惘然。

李商隐的这首诗文字锦绣华美，情意缠绵悱恻，字面意义易于理解而内容又丰富深远，细腻无边。其准确解读究竟如何尚无定论，故有“一篇锦瑟解人难”之称。

这些文字仅仅是中国人审美能力和审美喜好的一个小小的缩影。如果我们足够细心，就能够看到许多有关书画、建筑、音乐、戏剧、电影、家具、服饰、饮食、礼仪等方面的例子。

中国是一个以书、画、诗、文为艺术的国度，某些人认为中国市场的消费群体缺乏审美需求和审美能力是十分肤浅的，也是十分愚蠢的看法。

认识到中国消费者具有审美能力是第一层，第一层认识必须导引出更为深刻的认识，即审美能力意味着审美需求的确定性存在。

眼里、心里觉得万物皆没有灵性之人，一定是少数。

尽管许多人无法随心所欲地选择自己生活的街道，住上向往的高档公寓，但消费者有足够的自由去选择符合自己审美的汽车、手机、电脑、家具、服饰、鞋包、电器……如果我们足够细心，就会发现迎合大众审美的巨大价值。

一、承认审美的价值

人类在满足了吃饱穿暖的需求之后，几乎所有的生活事项都和审美有关。首先必须承认两件事情：

（1）审美是人的本能。每个人对于世间的事物都有自己的评价标准，无一例外，这是人的本能。

（2）人人都是艺术家。

拉小提琴的人是艺术家，能够欣赏小提琴演奏的人也是艺术家；

导演是艺术家，能很好地欣赏电影的人也是艺术家；

你看见了一个人，你就看见了他的审美；

你看见了一件商品，你就看见了这件商品的审美；

你看见了一家店铺，你就看见了这家店铺的审美；

你看见了一个品牌，你就看见了这个品牌的审美。

上海外滩的味道陆家嘴没有，西湖的味道瘦西湖没有，陈家祠的味道珠江新城没有，李白的味道杜甫没有，汤显祖的味道关汉卿没有，《红楼梦》的味道《水浒传》没有……说到底，万事万物都有其自身的味道，或者叫“气质”。品牌也各有其独特的气质，这就是消费者的审美感受。

审美是一种直觉，直觉不容否定，又快如闪电；

审美是人的本能，本能是自信且倔强的；

审美冲突是这个世界上非常难以调和的冲突。

零售商品与消费者在审美问题上发生冲突是十分严重的事情，因为这几乎就是在与消费者的本能和经验做斗争。这场冲突的关键在于自由市场中的消费者从来都不会妥协。

品质和服务是品牌的个性和道德，是品牌的立身之本，是具有持久竞争力的基础。在此基础之上，所有的竞争就会聚焦“审美”。

消费者会判断：这是不是我的菜?

审美的判断又不单单是所谓的外观设计，审美可能包括的内容有：

- 品牌的名称、logo、主色调、slogan 等。
- 产品的外观设计、包装细节等。
- 品牌的商业姿态、售卖场景、售卖人员等。
- 品牌的营销水准：平面、视频、文案等。
- 关于品牌记忆的沉积物。
- 品牌的节操、道德和精神气质。

审美优势是竞争优势，这一竞争优势的特点是：消费者的审美偏好是天然和固执的。这一优势涉及的时间投入和资源投入可能不大，其回报却是巨大的。

二、提升品牌的审美表现

品牌企业在原有的供给基础上，最大的提升点可能就在于审美。

每个人的审美究竟是什么样的？这又是一个无法具象化的问题。审美和一个人的天赋、成长环境、教育背景、社会角色、视野范围、文化认知等都有关系，并且是受这些因素综合影响的结果。

一个人的审美情趣有较为稳定的基础性特点，也有不断发展变化的可变特点。尽管每个人的审美有差异，也可能存在发展变化，但每一个时期的大众审美大致都存在一个共有的区域，这就是大众品牌营销审美的关切点。

审美是消费者的第一需求。美不是妖艳，不是出位；美是善良、诚恳、强健、正直、专业、亲和、个性、得体、稳定等。中国文化的“意境”和“氛围”，强调的是含蓄又直白，恰到好处，不少也不过。

审美不同于科技，它比科技更稳定。在审美道路上的探索，经常会回到原点。所以，会有老爷车、古典建筑、复古风格，却不会有老爷科技。

一辆丑陋的汽车很难被人细心呵护使其成为古董车。

营销中最危险的审美是“城乡接合部的审美”。

它既不是乡土古朴的审美，也不是优雅现代的审美。这种审美是乡土古朴审美上的不自信和背叛，也是优雅现代审美上的谄媚和能力不足。

乡土古朴的审美和优雅现代的审美都能够收获雅俗共赏式的认同，或者获得雅和俗至少一个方面的认同。而“城乡接合部的审美”往往是雅俗都不欣赏的审美。旅游是心灵的需要，人们经常会挑选现代化的都市或者原生态的乡土作为旅游目的地，你很难听到有谁说自己迷恋那一片乱糟糟的城乡接合部。

《红楼梦》是顶尖的、高雅的，所展现的世间万象却都是真和俗的。

审美优势会创造出较为明显的成本优势。在某一特定时期内，产品生产所涉及的技术、材料、管理等成本的弹性是有限的，这意味着更高的制造品质将直接花费更高的成本，而审美品质的提升对于成本的影响可能会非常小，这就是通过设计美学能够创造的巨大价值。

于零售品牌而言，审美优势往往又具有极高的竞争优势，也是难以跨越和复制的“护城河”。

在中国做零售商品不可绕开的一件事情就是市场大众的总体审美情趣，我们很难将审美情趣进行明确的量化，因其无形。但大众的审美情趣一定存在一个最大范围的共有区域，尽管它的边界比较模糊。

我们很容易将少数人明确表达出来的不满看作整个市场的不满，同时又容易对更多人没有明确表达出来的不满视而不见。

大众审美在汽车单品零售中的影响力是非常明确的，从每一辆新车发布会开始的那一天起，就已经确定了其未来的市场地位。当下的市场审美取向就是未来 5 年的市场审美取向。我们几乎看不到一款起初销量低迷的汽车能够在未来依靠品质和口碑获得销量逆袭的案例。比较有趣的是，有些汽车型号在改款之后销量会获得大幅度提升，而有些畅销汽车型号在改款之后销量会严重下滑，这个代价就太大了。

许多糟糕的设计在遇到消费者的审美情趣审判之后会灰飞烟灭，最后选择用多渠道、低价格获得一些可怜的销量，这种现象在手机、笔记本电脑、汽车、家用电器、家居用品等领域经常出现。

如何提升审美能力：

➢ 认真学习和研究优秀的同类产品，学会欣赏，诚恳地找到审美上的差距。

➢ 避免模仿，这是最危险的伤害品牌审美节操的方法。

➢ 广泛地钻研各个门类的艺术精品，从艺术精品中发掘出结构、细节、平衡、流畅性的价值。

➢ 找到合适的人和机构帮助提升企业的审美能力。

硬件是技术，也是艺术。

软件是艺术，也是技术。

对于软硬件的艺术的自发感知能力、表达能力、构建能力就是一个品牌和一个团队的天赋。

技术是零售品牌的生存基础，艺术是零售品牌的“天花板”。

三、避免审美的误区

大众的审美情趣是传统的、保守的，他们期待遇见符合自己审美取向的事物，他们惊喜于略微高于自己期望并符合自己审美取向的事物。而对于偏离大众审美取向的零售品牌，人们会嗤之以鼻。

对于消费者来说，任何价位段的产品和服务都有审美的需求，并不是低价位段的产品就可以不考虑审美问题。消费者见到更好的又恰恰是自己需要和能支付的产品和服务，就会毫不犹豫地做出购买决定。

审美的危险在于：

➢ 用力过猛：审美细节太多，超出必要性。

➢ 用力不足：审美细节缺失，结构简单，缺乏内涵。

➢ 风格错乱：未能树立审美个性，结构模糊，缺乏完整性。

➢ 简单模仿：暴露窃贼一般的道德水准，形成精神气质审美上的硬伤。

零售品牌的审美不应该是设计师个体的审美，一个只顾及个人审美的设计师的权力越大，其对品牌的危害也就越大；设计师的审美越另类、越小众，对品牌的伤害也就越大。我们在思考品牌审美需求的时候，需要关注以下几点：

- 品牌审美是消费者的审美需求，不是设计师的审美需求。
- 品牌审美是大众化的审美需求，不是小众化的审美需求。
- 品牌审美的目标是展现商业的专业姿态，不是展现单纯的艺术性。

小众化的审美呈现，对于品牌零售来说十分危险。

第五章

Chapter 5

零售品牌的准备工作

电商零售竞争的核心，在于其背后的供应链。

在当前的市场发展阶段，供给端的总体结构性水平决定了“试试看”式的草莽创业时代已一去不复返，线上的表现形式如同风雷烈火，现在不再比木板长度，比的是木桶的整体容量。

一、品牌的整体含义

品牌的根基在于务实，品牌的魅力在于务虚。

品牌起始于一个名称，形成于日积月累的所作所为。

阅读本章之前，请您先花 2 分钟思考一个问题：做品牌依靠的是“文科”思维还是“理工科”思维？

本书的观点是：文理兼备。

制造是知识和技术，品牌是精、气、神。

文科思维偏重感性层面，理工科思维偏重理性层面；文科思维让生活更有趣，理工科思维让生活更可靠。

有趣和可靠，缺一不可。

品牌的魅力来源于消费者与产品、服务交互的所有细节的累积，并不来自品牌的片面自我解说。消费者的品牌观念不能简单地理解为识别需求，品牌的价值在于给消费者的认知投射安放一个接收锚点，品牌本身并不需要过多地解释自己，每一位消费者都会自行在潜意识里形成品牌的人格化认知。

品牌的完整含义包括品牌定位、品牌名称、品牌供给水平、品牌商业姿态四个部分。

1. 品牌定位

定位是品牌的第一思想，定位决定了品牌未来长远的道路。

当消费者到达一个销售场景的时候，他们最先关注的是这个场景是做什么的，场景本身就是一种无言的表达。当消费者打开一个销售网站的时候，他们最先关注的也是这个店铺是卖什么的。在消费者脑海中出现的任何一个品牌，都对应着这个品牌的主营业务范围。

从品牌诞生的那一天起，消费者心智对品牌进行差异化的记忆也随之产生。从人的内心角度而言，品牌有节约时间和心智的本能。也就是说，成功的品牌是可以由任意熟悉它的消费者用一句简短的话语进行概括的。

创业者在创立企业之初，不自觉地需要明确企业的主营业务范畴，尤其是涉及零售消费品市场的品牌构建。这是因为创业者的精力有限，创业者倾向将业务方向聚焦自己比较感兴趣和擅长的领域。

即便一家企业最终的定位不清晰，经过一段时间的市场洗礼，消费者市场也会不自觉地反向给这家企业进行定位，其结果就是被消费者接受的业务模块将成为该品牌的主要营收来源。

这种现象是如何产生的呢？

这要从企业传播的受众（消费者）身上找原因：

①这是一个信息过度传播的时代，每一个个体的时间和注意力都是有限的，人们需要以节约成本的认知方式面对纷繁复杂的信息干扰。与消费决策过程做比较，人们更愿意将注意力放在生活和工作这两件最主要的事情上。

②消费者接触一个品牌的时候，比如看到品牌的广告，其给予品牌的时间和注意力非常有限。在这个有限的时间内，品牌能够传递的信息也会非常简短和明确。

③人们每次交新朋友的时候，除了要知道这位新朋友叫什么名字（品牌标识），还要知道他是做什么职业（定位标识）的。“品牌标识”仅仅是描述性的抽象的认知，只有“定位标识”才是丰富了现实意义的认知。

④品牌诞生之初就带有强烈的人格化特征。人们更倾向品牌如同人一样不是万能的，不自觉地接纳在某一领域较为专业的品牌。这一认知的结果是导致人们隐约地排斥该品牌主营业务以外的其他业务。这就像人们不愿意让一位出租车司机给自己推销保险一样，尽管这位出租车司机可能很热情。

目前中国市场的电商零售路径非常发达，我们非常容易地发现电商业务排名比较靠前的品牌的定位都是非常清晰的，它们共有的特征是其产品和服务专注某一领域或者某一类别。

在传统企业的品牌中，定位因素也发挥着巨大的影响力。以制造平板电视为主业的企业在从事手机业务的时候遇到的阻力通常都比较大，这绝不是可以简单归结为执行团队不够专业或者不够努力的问题。

那么，专注的价值是什么呢？

有很多品牌，一直缺乏消费者关注、缺乏规模，如果仔细了解一下，十有八九都是多面手。

做专注，就是一个品牌专注做一件事情。

专注，有一个词可以很好地形容它，这个词就是“小而美”。其实，这三个字的延伸含义是 5 个字：小而美而大！我们需要读到的是后面两个字。中国文字就是这样的，不会太直白。

为何要 AAA……到底呢？有人可能认为 A 只满足了 A 顾客，而丧失了 B 顾客和 C 顾客。这里有两个消息需要被看到：

一个坏消息：A 顾客可能因为你的定位而放弃购买你的 A 产品。

一个好消息：B 顾客和 C 顾客在未来某个时间点的需求也可能是 A 产品。

专注也是定位！

就是武大郎只卖炊饼，武大郎的炊饼是这条街最好的炊饼！武大郎不去干扁担这头卖炊饼、扁担那头卖汉堡的事儿，伤气质！

没有定位做基石，随后的所有付出都可能徒劳无功！

2. 品牌名称

零售品牌的名称和商标设计如同一个人的姓名、样貌一般重要。

如果你跟别人说自己喜欢“巴伐利亚机械制造厂股份公司”制造的汽车，一般消费者是听不懂的；如果你说自己喜欢“宝马”，人们就能听懂你说的是什么。

姓名和样貌是一个人的外在，人的内在是思想和道德；而一个零售品牌的外在则是品牌名称和 logo，产品和服务是其内在。人的外在是物化的，而品牌的外在却不是物化的。按照社会大众“由表及里”的认知架构来思考，品牌的名称和 logo 是一个品牌谋求卓越市场地位的第一步。

品牌的天然目标是谋求大众的认知和喜爱，其客户群体偏好和 B2B 品牌目标客户群体是完全不同的，品牌的名称和 logo 随时都在为自己代言。

定位是创立品牌的初衷，所以先讲定位再来讲品牌的名称。

优质品牌几乎都是原创的，名称、logo、主体设计等方面都是。

产品主体设计的确存在所谓的模仿发展阶段，这得益于中国现阶段的城乡市场二元分裂结构，只是这个二元分裂结构还能维持多久？这个二元市场的界限会越来越模糊，乐观看还有一代人的时间，大约是20年。如果考虑到中国市场惊人的变化速度，打破城乡二元结构的分界线可能不会超过10年。也就是说，10年后，靠抄袭过日子的品牌会非常惨。这一趋势已经明确显现出来了，冷不丁传来一个老品牌垮掉的消息，定睛一看，许多品牌都有这一层面的问题。

如果一个品牌在命名、logo、主体设计等方面出现模仿、“攀亲戚”的嫌疑，这就在“道”的源头上不具备“冠军相”了，几乎没有出现过逆袭的案例。

消费者对技术抄袭无感，对品牌命名、logo、主体设计、外观设计的抄袭和“攀亲戚”将会非常敏感，而由这种敏感派生出来的将不再是惊喜，而是坚定地鄙视和抛弃。

产品的外观抄袭尚且能推倒重来，而涉及品牌命名、logo、主体设计的抄袭就没有那么轻松了。业务一旦跌入低谷，糟糕的品牌设计就可能变成企业的负资产。

品牌名称可以新奇，但不能怪异，要具有初次见面的瞬时亲和力，并且易于被理解和接纳。

品牌的名称和标识需要平和、得体、优雅、有内涵，过于直白和用力过猛的品牌名称往往无法称其为优秀的零售品牌。当有一个叫作iPhone的品牌火了以后，有许多的品牌开始取名叫“i××××”，或者叫“爱××××”，随便“攀亲戚”可不是一件好事情。

3. **品牌供给水平**

在不断演进的新兴市场，品牌的顶层设计往往会有一个又一个迷人的机会，这种机会就是：

当许多品牌都很简陋的时候，精细的品牌会快速崛起；

当许多品牌都在路过的时候，展现专业度的品牌快速崛起；

当许多品牌都在做坏人的时候，做好人的品牌快速崛起；

当许多品牌都很丑陋的时候，漂亮的品牌快速崛起；

当许多品牌都很马虎的时候，认真的品牌快速崛起。

于是，包装精美的食品品牌崛起，设计出彩的服装价高且热卖，注重品质的品牌价高还畅销，团费较高但明确不购物的旅行团成为旅客的期待。

这些故事不断在线下上演，也不断在线上上演。

品牌供给足够好，市场便不会辜负。

品牌供给水平的核心是以下四点：

①产品。产品是消费者与品牌发生关系的唯一纽带，包装是产品的组成部分。

②产品结构。产品结构是向市场提供多样性，也是展示专业性商业姿态的途径。

③渠道覆盖。渠道覆盖关系消费者的对接便利度和对接效率。

④服务的确定性。消费者希望获得对应的保障承诺，捍卫其消费决策的正确性。服务是产品的延伸组成部分。

品牌想要获得什么样的市场地位，品牌本身的供给能力（产品、服务、气质）是基础、根本。做品牌需要智力，更需要智慧，还需要良好的感性能力，在市场面前显得太聪明反倒不是好事。

一个品牌能够获得稳健的成功，用一句话概括就是“没有让消费者失望”。消费者失望包括品牌实物层面的失望，也包括品牌精神气质层面的失望。华为获得的中国消费者的偏爱程度是十分罕见的。

在自由市场环境中，零售品牌天然地具有人格化的特征，每一个消费者都会依据自己的所见、所听、所感受对品牌形成总体性的认知，或许这种认知是模糊的，甚至是偏颇的，但这丝毫不会影响消费者权力的有效行使。

品牌天生就是追逐名利的，个人可以标榜淡泊名利，品牌不可以。品牌若是标榜不为名也不为利，便是确切的伪君子了。

品牌需要追求自己的尊严，品牌经营的根基永远都是有竞争力的品质和服务，这是品牌的尊严所在。价格竞争不是中国零售市场竞争的核心方向，品质和服务竞争才是。超低价格不仅会直接伤害品牌方的尊严，最终还会伤害消费者的尊严，因为超低的价格很快就会制约品质和服务的竞争力。

许多经营困难的品牌遇到的问题并不高级，多数是企业无法回到产品品质和服务的原点上，仍旧用其独特的资源和能力劈波斩浪地维持经营，这不是合理的事情。在战场上，士兵的综合素质再好，都不应拒绝使用更好的武器装备。

4. 品牌商业姿态

第一商业姿态：产品和产品结构。

后面章节将专门阐述。

第二商业姿态：价格。

价格关乎尊严，价格是卖方的尊严，也是买方的尊严。

价格是价值标签，对得起价格的品质和服务才可能长久。做品牌，一定不要追求“窃贼一般的欢喜”。

在同一品类中，往往是价格中上的品牌最受市场青睐，最能获得消费者的认同。维护利润是保护品牌的底线，品牌的穷困会在零售的各个环节体现出来，一个不自尊、不自爱的品牌难以获得消费者的尊敬。

价格的本质属性是品牌，品牌的本质标签之一是价格。

事实上，品牌的含义非常宽泛。如果品牌和价格相符，则是一个好品牌；如果品牌和价格不相符，则不是一个好品牌。

用一个低劣的品质对应一个较高的价格，无异于品牌自杀。

产品是品牌的身躯，价格是品牌的出身，审美是品牌的气质。

在市场不断发展的进程中，惯常受到较大冲击的是低质、低价的品牌和产品。

品牌的目标是要在同一价格段取得竞争优势，而不是在同一供给段取得竞争优势。供给段一致，就只能剩下价格战了。

第三商业姿态：售卖场景。

售卖场景的姿态、细节是品牌运营标准的现实体现。

一款汽车的视频广告做得非常漂亮，但4S店的照明亮度不够，这就是不相符的售卖场景。

一般零售渠道品牌养成的基础有两点：

第一点：帮助消费者遴选最优匹配的品牌。

渠道品牌的目标是提升消费者的选择效率，降低消费者的选择风险，以此为消费者创造价值。

第二点：为消费者提供多样性选择。

多样性选择的价值在于给多样化的消费者提供多样化的匹配度。

第四商业姿态：商业态度。

是否价格便宜的白酒连瓶身的标签都可以贴得七扭八歪呢？当然不是！

品牌需要有不断进取的态度。一般情况下，品牌应该不断追求变化和预测变化，其变化目标不是定位的变化，而是供给水平的变化。品牌的竞争力来自其自身对于市场的供给水平应该高于市场的平均供给水平，并高于市场的平均需求预期。

小企业不一定就是弱势企业，大企业不等于就是强势企业，受到市场冲刷的只能是弱势企业，和企业的规模无关。

零售品牌需要时刻关注竞争环境和消费者体察，以供应高于市场供给平均水平的产品、产品结构和服务。

我们知道，消费者既有物质的需求，也有文化的需求。那么零售品牌如何打造自己的文化呢？如果我们足够冷静，就会意识到品牌文化并不是依靠一个所谓的“品牌文化打造”计划弄出来的，品牌文化是基于消费者的预期持续得到满足之后所形成的市场积累。

打造品牌文化可能并不需要品牌方额外地做什么神秘事情，品牌只需要坚定地奉行品类、品质、价格、场景等定位策略，持续提供高于市场平均供给水平的产品和服务，并确保营销计划得到持续性的、高水准的执行。

品牌需要谋求与消费者的对等地位，不卑不亢，同时又展现温柔的身段。消费者喜欢被尊重又偏好自己尊重的品牌，因为消费行为本身是谋求快乐和尊严的。

第五商业姿态：营销段位。

消费者对于品牌的物化印象：

➢ 产品。

- 包装。
- 售卖场景。
- logo。

消费者对于品牌的虚化印象：

- 平面静态展示。
- 视频动态展示。
- 场景立体展示。
- 文案。
- 配乐。
- 整体氛围。

大众品牌当如20岁的漂亮伴娘，朴素又低调，有时候比新娘子还要耐看一点；

中端品牌当如地主家新娶的媳妇，一进家门就能掌管账房的钥匙；

顶级品牌当如才貌双全的公主，却只看得见曼妙的背影，三年一个侧颜，十年一次转身。

营销策划的重点在于加强消费者对品牌的印象，减少消费者的思考，强化消费者的信心。

品牌应该形成自己的独特风格，品牌的风格和品牌自身又是相匹配的。就像人，言谈举止有自己的气质和风度，气质风度又必须和这个人相匹配。第一等重要的事情是品牌的气质，需要优先设立一个品牌的气质目标，然后企业的所作所为需要衬得上品牌的气质目标，这是创立品牌的初期理想。

品牌应该是一位身形曼妙的、健康的、智慧的、端庄的、认真的、温和的、友好的成年女子。如果让消费者看到了品牌的堕落、松垮、敷衍，市场就会被其他更优秀的品牌夺走。接下来最容易出现的运营选择可能就是价格竞争。

第六商业姿态：品牌的竞争策略。

在零售市场，价格竞争是最残酷、最低级、最没有尊严的竞争方式，也是最具破坏性的竞争手段。价格竞争会伤害同行，最终也可能伤害自己。价格竞争是在其他竞争手段都失效情况下的最后的选择。

同品牌的相同商品的渠道价格竞争是无解的，必须加以约束。

相比商业采购，零售消费品的价格越稳健，消费者的信心越足；价格越波动，消费者越缺乏信心。

只有很少一部分骄傲的品牌是仰着头走路，强势品牌在绝大多数的情况下都是端庄、安静地走路，普通品牌经常蹦蹦跳跳、吵吵嚷嚷地走路，弱势品牌经常跪着走路。

在中国市场，零售品牌需要谋求与消费者对等的交易地位。零售品牌不能以超低价、亏本价、强力打扰消费者的方式去左右消费者的消费决策。在中国市场，谁先跪下来，谁就可能会先倒下去。令人尊敬和富有魅力的品牌往往是安静的、朴素的，其行为特征具有持续性。

傲娇的品牌偶尔来一次呆萌的价格是可以的，并且最好是每年有几次机会，或者顾客生日当天给其5折优惠。多做一些可预期的打折活动，不要天天打折，否则品牌就只剩下呆萌，没法傲娇了。

在市场还比较粗放的时候，我们能够看见憋着一股劲儿地用一套独特的营销思想完成对消费者“洗劫”的案例。随着中国市场不断地走向成熟，这种状况已经一去不复返了。

品牌的灵魂高尚，精神抖擞，消费者就会在对比中选择你。

品牌是一种具有人格意义的精神气质，认同一个品牌在于认同这个品牌的气质。

商业的主角是资本和智力，目的是追求利润，行为方式是不断调动资源的流转并进行再分配，衍生结果是提升资源的利用效率，并在一定程度上提升资源流动秩序的合理性。

在消费者看来，一个品牌呈现的商业姿态也需要展现出维护社会资源流动秩序的特征。不同的是，消费者对于“秩序”的理解不仅包含物质层面，还包含精神层面，这就需要零售品牌在经营过程中谨慎地对待品牌呈现出来的技术水准、智力水准、文化水准、审美水准和道德水准。任何可能给消费者造成效率、情感和认知困惑的经营行为都具有巨大的负面影响。这种负面影响在绝大多数情况下都是沉默的，但不表示其破坏力微弱或不存在。

品牌的商业姿态和运营气质可能比所谓的创新更加重要。

真正具有变革意义的创新是不常有的，绝大多数的创新其实就是发源于有竞争力的品牌，许多有效的创新又往往被有竞争力的品牌“劫持”。需要明确看到的是，原发性的创新品牌同时具备商业姿态和运营气质的优势。

我们常常会谈到企业的创新问题，怎么创新呢？大体上还是需要按部就班地不断创新，在创新中持续地按部就班。

企业竞争力不足的原因，往往不是创新能力不足，很可能是因为“按部就班”的能力不足，忽视了结构和细节的现实基础。

一味地追求在创新中创新，不创新就是错的，就是不高尚的，那就麻烦了。

对于大多数企业来讲，创新的高光时刻其实不多。

创新的计划和成果需要按部就班地持续，持续地创新需要融入按部就班的节奏。

消费者会自然而然地赋予品牌人格化的印象，并不需要品牌自身刻意地做人格化的标签。品牌的日常供给水准和营销细节会逐渐叠加消费者对品牌的认知。无论是新品牌还是老品牌，企业思考的时间维度需要 5 年以上，如果仅仅是思考眼前几个月的事情，会很容易迷失未来的道路，令品牌变得没有理想，营销变得没有章法，行为变得没有节操。所有急功近利的思考和行为都是源于没有品牌思想，或者说品牌思想流于表面。

高质高价的品牌的第一任务并不是满足消费者的虚荣心，高端品牌是消费者的期望，在消费者的内心深处，愉悦自己才是第一需求。

品牌不仅仅是用来填饱消费者的肚子，还是用来愉悦消费者的精神。填饱消费者的肚子是容易的，愉悦消费者的精神则不容易。

品牌是受消费者尊敬和祝福的符号，是消费者的品质预期，是消费者的品位预期，是消费者的信心和尊严，是消费者心理预期的总和。品牌是一种气质，是消费者的感性记忆。

一家企业在内部犯的许多错误都是可以原谅的，唯独从消费者角度能够感知到的产品、销售表达出现错误是不可原谅的，因为消费者不会给品牌解释的机会。

在消费者的心里，好的品牌应该是善良诚恳的，是严肃认真的，是亲切活泼的，是干净清爽的，是有品位的，可以有一点点固执，有一点点洁癖，有一点点傲娇。不需要品牌表达自己有多好，消费者会在心里给其一个答案。

品牌运营一段时间之后，消费者就会对一个品牌的品质、道德和气质做出判断。品牌的傲娇在于，当消费者拿它和别人做对比的时候，并不会呈现出品质、道德和气质上的明显劣势。

许多时候，消费者喜欢一个品牌，不一定能说出具体的原因；消费者讨厌一个品牌，也不一定能说出具体的原因。做品牌的人，需要有仁心、有敬畏、有荣誉感，并且能够钻到消费者内心最沉默的区域进行孤独的探索和尝试。

品牌之间的竞争态势，大体是“深刻”的强过“肤浅”的，“简单”的强过“复杂”的。

思考品牌业务的时候，不必过多地翻查已经尘埃落定的兴衰案例，而是需要更多地体察当下发生的微妙变化和思考未来 5 ~ 10 年的事情。

品牌走过的道路，就是在积累品牌的文化。品牌文化既是外部市场的认知标的，也是企业内部的认知标的。

强大的品牌有强大的品牌文化，落后的品牌有落后的品牌文化。事实上，自始至终，品牌文化与其市场地位都是相匹配的，从来都没有落后的品牌能够散发出强大的品牌文化，也没有强大的品牌却散发出落后的品牌文化。

品牌文化生长于品牌供给之上，品牌供给是蜡烛，品牌文化是蜡烛发出来的光芒。提升品牌供给能力和竞争优势的过程，就是建设品牌文化的过程，直接建设品牌文化无异于空中楼阁。品牌团队秉持坚定的信念，围绕品牌供给能力和竞争优势所做的一切努力，就是企业文化。企业文化是品牌文化的另一种表现形式。

一个品牌越成功，就越能展现出专业、严肃（适度的活泼、幽默无损品牌的端庄形象）。

中国市场也会像美国、日本、欧洲市场一样诞生出许多具有传奇色彩的企业品牌，并涌现出一大批世界级的富有魅力的明星企业家。

为了让本书读起来更好理解，我们可以预设一个概念：零售单元。

零售单元的概念是：一个终端消费者在一次消费行为之前、之中和之后的心理和行为的总和。

零售单元包括但不限于如下内容：

➢ 购买之前，消费者的信息获取途径、营销心理感受等。

➢ 购买之中，消费者的心理感受和决策依据。

➢ 购买之后，消费者的显性和潜意识的消费价值判断。

➢ 卖方（品牌、渠道）展现的品牌能力、产品能力、服务水准、销售人员、销售细节、销售场景、审美艺术、售后保障、商业气质等。

➢ 消费者的生活环境、收入状况、认知水平、审美品位等。

➢ 消费者就此次购买的价值判断进行的传播行为及其影响的总和。

➢ 买卖双方的理想、道德和价值观之间的碰撞。

➢ 零售单元包括购买达成、购买不达成、购买达成后的纠纷及其处理过程和结果。

零售单元强调的是消费者个人的一次消费行为，这有助于我们将最大范畴的社会零售总和进行拆解，细化到个体，再细化到个体的单次消费行动，并以此对零售市场进行微观的画像。

构建品牌的最真实建筑材料是零售单元，品牌运营的所有细节都应指向零售单元这个目标。

品牌小贴士：

➢ 品牌方法论的第一条：笃信自然，不笃信人力。品牌应专注供给水准，承认消费者的地位和审美。

➢ 品牌需要谋求与消费者的心理对等地位，尽可能地让消费者平视自己，让消费者仰视自己未尝不可，但绝不能让消费者俯视自己，因为俯视与鄙视之间的界限非常模糊。

➢ 品质是品牌的基础，而品牌又要大于品质；品质是物质需求，品牌是精神需求；品质是品牌做事的工具，品牌是产品做人的思想。品牌是虚的，也是实的。

➢ 品牌竞争力的本质是品牌优势，品牌优势的本质是具有优势的差异，优势差异的落脚点在于细节。许多优势细节堆叠起来，就成为巨大的品牌竞争力；许多劣势细节堆叠起来，就成为巨大的品牌劣势。

➢ 品牌的四条腿：

- 品质：设计、质量、品位。
- 营销展现：观感、水准、气质。
- 场景：场景与品牌搭调、相融。
- 商业姿态：品牌懂得取舍，营销执行富有细节。

➢ 不要在品牌销量下滑的时候更换 logo。

➢ 不要收购处于下滑状态的零售品牌，单纯收购其技术和资产是可以的，但不必对零售消费者层面宣告收购信息。消费者对于出现颓势的零售品牌往往缺乏怜悯和宽容心。

➢ 基础产品的品牌会不断集中化，中高端的品牌会往量小、价高、多样化的方向发展。今天的美国、日本、欧洲市场，就是明天的中国市场。

➢ 这个世界是你赢了才能去谈情怀。

➢ 一个好的品牌，就像是一本好看的小说能吸引读者。顾客不会感觉到品牌的智力和水准很低。

➢ 对于是否打 logo：

- 奢侈品有两个选择：打 logo 和不打 logo，要有不打 logo 的款式。
- 中间偏高款：打 logo。
- 低价品质款：不要打 logo。

➢ 好的品牌是认真和严谨的，差的品牌是马虎和松散的。A 品牌比 B 品牌优秀的时候，A 品牌往往比 B 品牌更努力。

➢ 零售消费品牌的 9 个思考：

- 品牌可企及的目标。
- 竞争环境的结构和消费者体察。
- 商标、品牌色调、核心文案。
- 产品线梳理和产品设计。
- 无障碍的消费者沟通和服务。
- 可持续的营销法则。
- 核心人才梯队的建设和储备。
- 品牌的辨识度和气质。

- 关注艺术、情感、美的价值。

➢ 品牌之争：

原本一个普普通通的品牌名称，经过 A 公司一段时间优质地运营沉淀之后，成为炙手可热的成熟品牌。后来跳出来一个 B 公司，说自己才是真正的品牌持有人。

不管之前是 A 公司无心插柳将错就错，还是 B 公司恶意抢注，又或者是 A 公司和 B 公司原来就有相关协议，只要打破这层默契，就将面临双赢或双输的局面。

而打破这层默契的始作俑者，往往是 B 公司。

B 公司会提出一个天价（现金、股权）的解决方案，A 公司会提出一个心理预期。

谈判成功，就一定是双赢；谈判失败，就一定是双输。几乎没有可能出现一家独赢的局面。

B 公司往往会认为品牌名称就是品牌的全部，而忽视了品牌价值所依附的底层运营逻辑的结构和细节。在拿回品牌之后，该品牌的价值很可能会迅速且严重地缩水。B 公司几乎无法复制 A 公司的优秀表现，因为实际运营之中包含太多的逻辑经验和细节。

品牌是一件衣服，A 公司是最好的模特，而 B 公司不是模特却认为自己也能走 T 台。

令人遗憾的是，A 公司往往在 B 公司坚持的天价面前败下阵来，只能改一个品牌重新来，结果元气大伤，往前走的底气不足，重新站起来的难度也比较高，代价也比较大。

A 公司和 B 公司需要看到这一点，各自都秉持平等的合作愿望进行谈判，寻求双赢的局面。

而双赢的道路可能只有一条，就是 B 公司给出一个 A 公司能够接受的价格，而 A 公司获得品牌权益。

在生意场上，事事都求进取是好事情，但不能忘记了“谦逊”和“合作”的恒久价值。

把品牌做起来的老板，创业都不是试试看，他们无一例外地都是有思想并且有理想的人。

二、品牌的定位方法

定位是品牌的第一人格。

对于消费者来说，品牌是一种总体的印象。一方面，当消费者看到某一品牌符号的时候，能够立即想到这个品牌是做什么的，大致的供给水准如何，市场地位如何；另一方面，当消费者产生一个需求的时候，能够想到相对应的品牌有哪些。能够给消费者留下较好印象的就是好品牌，反之就不是好品牌。

一个品牌给消费者传递的人格化认知的总和，既是由零售单元决定的，也是由品牌的定位决定的。品牌的定位由如下五个方面决定：

1. 品类定位

品类定位就是向市场传递品牌具体的产品和服务内容是什么。

品类定位对于提升品牌在消费群体中的专业性认知具有不可磨灭的引导作用，并且能够提升品牌的辨识度。

强化品类定位的要点是聚焦、专注，并以加深该品类的产品深度构建品牌的优势壁垒，向市场传递其专注度、专业性和商业姿态。

品类定位具有自证其品质的神奇魔力。

消费者会认为品类专注的品牌更专业，因此更值得尊重和信赖。

比如S品牌专注生产空调，消费者想到S品牌就会想到空调，想到空调就会想到S品牌。

如果S品牌突然宣布做手机了，手机业务很可能会失败，并且有可能破坏该品牌专业制造空调的品牌形象。

一个成功的老品牌，要懂得爱惜自己的羽毛。如果想要从A类产品跨界到B类产品，最好先不要说出来，耐心打磨好产品再推出来可能更妥帖；如果先说出来，口号震天响，市场的期望会很高，毕竟消费者没有崇拜谁的法定义务，到头来不仅B品类做不起来，还要连累A品类的品牌价值。

2. 品质定位

品质水准是强化消费者认知和开拓品牌未来之路的基础，没有这个基础，所有的努力都是空中楼阁。

品质定位不断向市场巩固其专业水准和品牌的节操，品质自证其价格，为价格提供强有力的背书。

品质是买方的尊严，最终也是卖方的尊严。

许多艰苦经营的品牌，品质往往是没有尊严的。

品质定位是品牌所有定位的基础，是品牌所有梦想的基石。品质是品牌的面子，也是品牌的里子。

要想让一个品牌走下坡路，从品质下手即可。

比如S品牌的手机传出多条电池爆炸案例的新闻，这对于S品牌来说就是灾难。

某顾客到S餐厅就餐的时候，发现鱼肉不新鲜，此后他可能不会再去就餐，他不准备给商家第二次机会。他可能会在聊天的时候把这次不愉快的经历告诉家人、朋友或者同事。

3. 价格定位

低价定位最终会影响品质定位和场景定位，这会削弱品牌本身的底层竞争力。价格定位对于提升品牌的市场定位具有不可替代的作用。

价格定位具有自证其品质的神奇魔力。

价格是卖方的尊严，也是买方的尊严。

许多艰苦经营的品牌，其价格往往是没有尊严的。

在消费者看来，价格稳定性也是品牌定位稳定性，价格稳定性也会暗示品质稳定性。

价格的衔接性指的是同类商品之间的价差，价格梯队不能落差太大，需要过渡自然、衔接合理，以巩固品牌的品质定位基础。

比如S品牌的真皮皮鞋通常定价在800元以上，如果价格突然调整到400元以下，并开始做人造革皮鞋，并提供价格100～2000元的皮鞋，就会极大地破坏品牌的定位。

4. 场景定位

场景定位是提升品牌市场定位的一个渠道基础，线上和线下都是如此。店铺形象好的零售店铺生意相对好一些，装修精美的网店生意也好一些。

场景定位也具有自证其品质的神奇魔力，场景也通过自证其品质来自证其价格，品牌零售场景也是品牌自证其价格的需要。

在消费者看来，零售场景的品质卖方的专业度体现，也是产品品质的一部分，消费者并不准备原谅糟糕的细节。

零售品牌的定位需要和售卖场景的定位相匹配，否则会损害零售品牌的定位，或者损害售卖场景的定位。

比如S品牌的汽车，宽敞明亮的4S店的销量要大大高于同时销售多个品牌的专营店。

钻戒在农贸市场的地摊上售卖是不合适的。

万象城里开2元店也是不合适的。

5. 人员定位

在线下零售交易中，消费者可能会接触到负责零售工作的具体工作人员，这时候销售人员就是品牌的代言人，成为品牌的一种人格化延伸。

零售工作人员呈现的职业形象、职业能力、职业态度、职业细节和精神面貌将会对消费者的购买决策产生十分重要的影响。

消费者能感知到的品牌服务人员的职业水准需要与品牌的定位、市场地位相匹配。

比如米其林餐厅的服务人员的专业水准更高；五星级酒店的大堂服务人员的形象更好、服务水平更高。

关于定位的两个误区：

（1）一家企业是否只能做一种产品？

不一定。一家企业也有可能通过多品牌的策略实现多项业务的开展，并且取得比较好的业绩表现。

（2）优衣库为什么获得了成功，无印良品的产品线不是也很多吗？

服饰本身就是一个类别的定位，优衣库的定位是解决消费者的日常服饰消费需求，其供应链掌控力、大店铺策略和长期积淀的品牌影响力也是巨大优势。看到这样的案例的时候，需要更多地对比差异和差距。

无印良品的定位是居家杂货供应，类似大超市的定位。无印良品的产品设计纯朴、简洁、环保、好用，这一理念本身就是一个定位。

检验定位还有一个非常简单的办法，就是看产品和服务是否符合同一场景的购买需求。买运动衣的时候一起买一双运动鞋是比较符合同一场景的采购需求的，而买运动鞋的同时再买一个电饭锅就不搭调了。

通常情况下，一个兴旺的品牌的品类定位、品质定位、价格定位、场景定位、人员定位相互之间是匹配的。消费者在两可（品牌供给水准相当）之间徘徊的时候，细节的差异就会被消费者放大，并且放大到足以称为其决策的依据。

实际上，越是强势的零售品牌，越爱惜自己的羽毛；越是弱势的零售品牌，越不知道自己的提升点是什么。所谓丑人多作怪，品牌亦然。

定位是品牌起始阶段的根本性策略问题，品牌的知名度越高，定位改变的风险就越大。

零售品牌如果不预先主动给自己进行定位设定，或者依据市场表现及时调整并设定自己的定位，消费者便会对该品牌自然生成一种品牌认知，该品牌就必然会陷入被动接受市场所给予的定位的旋涡。通常来说，被动接受的定位仍然不失为零售品牌的事业基础，而持续偏离消费者认知的混乱定位将会受到市场的严厉惩罚。

为了避免品牌定位的冲突，许多零售企业会采取多品牌策略，宁可用两个品牌去做两件不同的事情，也不用一个品牌去做两件不同的事情。消费者很在意一个品牌对应的是什么样的产品和服务，他们并不会关心 A 品牌和 B 品牌是否同属于一个东家。

三、新品牌的道路选择

电商发展到今天的水平，其竞争态势已经变得越来越呆板了。

市场发展到今天，消费者迭代到今天，电商发展到今天，呈现出一个越来越透明的市场状态，消费者的眼和手近乎是彻底自由的，他们会根据自己的需要进行最彻底的最优选项决策。线上零售的增速仍然保持高位，其在整个社会零售总额中的占比也越来越高。那些敢于把电商归于落后的业务模式，甚至鼓吹电商已消失的人，要么是蠢，要么是坏！

俗话说“势比人强”，这句话放在当下的电商环境中也是完全适合的。

现今有什么“势”呢？

➢ 强势品牌统领天下，占比越来越高。

➢ 渠道越来越集中化，大都是品牌旗舰店、平台型渠道商唱主角。除非有品牌扶持和产品倾斜，否则经销渠道容易陷入被动，专营店更是如此（数码、医药等除外）。

➢ 弱势小品牌持续式微，优质小品牌越来越强大，能填补大品牌的空白。

这三个趋势概括起来就是：品牌的规模不是问题，但必须足够强。通用型的产品，是大品牌、大资本的天下，市场容量不大的需求催生出一批小而美的强势小品牌。整个市场被大而强和小而强的品牌瓜分，大而弱的会倒下，小而弱的会消失，这都是正常的。

谈到这里，新品牌的发展道路就出来了，依据是如下几条：

➢ 做大品牌不太触碰的领域。

➢ 做大品牌虽然触碰但是不具备优势地位的领域。

➢ 与大品牌对抗，要么做的产品价格高出大品牌均价的50%左右，要么做低于大品牌均价的50%左右。

➢ 与大品牌对抗时，以专注度和产品深度构建商业姿态上的竞争优势。

➢ 以更好的产品设计对抗大品牌的品牌压力。

➢ 与大品牌的对抗策略：一是躲避锋芒，不进行直接对抗；二是腾挪巧打，构建差异优势。

➢ 与小品牌的对抗策略，是构建产品结构和呈现表达上的优势。这两件事情做到位，就足以形成碾压式的竞争优势，其效果必定是追风赶月，肃杀无情。如果自降段位，向普遍流行的微小卖家零售理念和运营执行看齐，出头之日则遥遥无期。

这大概就是小品牌的道路，总结为两条：一是避免模仿大品牌，要注意差异优势的构建；二是认真收割其他小品牌，把所有小蛋糕都抢过来。

中国市场实在是太大了，每一个小品牌都应当稳定地忠诚于自己的市场分层，不可受外界的动作干扰。电商有对接全国市场的能力，能守住一个圈层的消费人群，就足以成就一番事业。

小品牌如果急于摆出一副大品牌的模样，大概率是要失败的。

对于零售品牌参与电商路径而言，是自己做零售好还是向市场供货比较好呢？长远来看，是自己做比较好，但是要克服品牌意识和组织结构建设这道难关。组织建设要远远优先于所谓的品牌建设。品牌不是什么神秘事物，它是买卖双方建立的一种默契，这种默契会不断累加。

聘请职业经理人的时候，既要看准其实际能力，用心挖掘一流的人才，又要有合理的激励机制，留住能够扛大旗的人。

那么，是自己操盘还是外包操盘？从根源上看，是自己操盘做比较好，但是要克服品牌意识和组织结构建设的难关。

最强 TP（代运营）对接最强供应链，成为非常重要的一极，占据整个市场的头部位置；

强势 TP 对弱势供应链没有兴趣；

弱势 TP 接不到也接不住强势供应链；

弱势 TP 对接弱势供应链扮演了另外一极。

做电商，第一重要的是供应链能力，这是优先级的，自己做还是 TP 做是第二个问题。

四、正确认识审美对于消费者的价值

有两款国外高端品牌的 SUV 在外观和内饰设计上具有明显的审美优势，于是国内市场上出现了模仿这两款车型的外观和内饰的产品，一经推出市场，便订单量爆棚。产能的局限一度严重制约了销量的增长，未过多久便显现出山寨外观可能带来的后劲不足。消费者明明知道发动机、变速箱、底盘是抄袭不来的，却宁可顶着买山寨货的压力，也要买这种外观漂亮的座驾。

有人鄙视这类消费人群，说他们是虚荣心作祟。显然，这不是值得品牌效仿的事情。没过多久，这款外观高度模仿大牌 SUV 的汽车单品的销量不出意料地大幅度下滑。换一个角度，我们不妨保持足够的敏感性来审视这件事情，这其实就是一个审美需求的问题。

➢ 绝大多数的消费者想的一个问题是，如果这样的设计是原创的该有多好。毕竟会在后期买个车标换上去的人一定是少数。

➢ 并不是低价商品就没有审美需求，也不是低端消费市场就没有审美需求。

➢ 如果这款车的外观和内饰是原创设计，这款车就不仅仅会占领乡村和城乡接合部，也一定会堂而皇之地占领城市主流消费市场，这就是审美的力量。需要看到的是，有大量消费者会摇摇头说："这是山寨的呀！"

➢ 审美是强大的存在，审美几乎是消费者的本能。消费者对于丑陋不堪、难以理解、充满混乱审美风格的产品已经受够了，他们要逃避糟糕审美的折磨，这是人的本能。

➢ 是汽车企业在设计审美上的无能导出了这样一条尴尬的道路，并裹挟了消费者一起去承受异样的眼光。

➢ 审美最主要的目的不是愉悦他人，而是愉悦自己。人们买方太的产品，并不具有品牌和外观的炫耀功能；人们买西门子的洗衣机，也不具有品牌和外观的炫耀功能；一个单身女人买内衣也要挑花色，并不会展示给人看；女人的妆容并不是为了愉悦看客，首要的是过得了自己这一关。

➢ 如果说消费者希望产品的审美既能够"悦己"，又能够"悦人"，但还是要看到"悦己"优先于"悦人"。

➢ 审美上的无能对于零售品牌来说不仅是可耻的，也是危险的，丧失了原本应该拥有的更大的市场。审美是"审阅"，也是"审判"，对零售品牌来说是十分严肃的事情。

劣势品牌总是说优势品牌有更好的技术，有更强的品牌拉力，却看不见优势品牌普遍性地具有审美上的优势，也看不见消费者审美的底层心理因素和长久的文化因素。零售品牌看不见审美的巨大价值，便会走入误区。

审美提升并不会像技术研发那样昂贵和耗费时间，弱势品牌往往在审美上栽了大跟头，这便是其可怜可叹之处。

一直以来，强大的零售商业和品牌都同时具备两种能力：强大的"技术能力"和强大的"艺术能力"。

技术能力主要表现在研发、制造、材料、工艺、品控、标准、财务、效率、组织架构等方面；艺术能力主要表现在品牌、营销、人力资源、公共关系等方面。

技术是显学，多数情况下是能够看得见、说得清楚、有标准、可量化、可复制的；艺术是隐学，多数情况下可以感受到，却很难被具体量化。艺术能力解决的是认知领域的完整性、顺畅度、易于理解、合理、模糊的准确性、迎合人性、氛围、气质、美的追求和细节的苛求，许多时候它是一念之力，择善固执。

技术和艺术有一个交叉点，就是“人”。

技术能力是拿来生存的，而艺术能力是决定能否卓越的分界线。

在一个懂得欣赏古汉语诗词的国度里，人们天然地具有体悟细节和意境的双重能力，因此审美情趣是零售市场中第一重要的事情。

在一个供大于求、消费升级渐趋成熟的新兴市场，品牌审美是与品牌能力、品牌道德同等重要的零售基础。

白昼劳碌，夜间读书。

世俗是经济，雅趣是理想。

产品是太阳，审美是月亮。

都知道没有太阳不能活，可谁也不愿意炸掉月亮。

除了生产，其余的都是审美。

人有了六个便士，匀出三个来，买了月亮。

人们崇拜伟大艺术的原因，简而言之为“审美需求”的经验和本能，归根结底是为自己构筑“生而为人”的尊严。

每个人终其一生都在谋求物质和精神上的尊贵，所思所行都在努力促进和积攒自己的尊严，这是“生而为人”的可贵自觉。

人的消费行为本身，极大地受到这种自觉的约束和引导。

第六章

Chapter 6

零售品牌四字诀：名、貌、才、德

消费者和品牌打交道，比不得交朋友那般用力气，一时一地，舍离全系于一人。

品牌要在消费者圈层得到强势的名位，全凭消费者的信任和喜好，这莫名的信任和喜好，真切地生长于品牌的名、貌、才、德四方面，是为品牌四字诀。

这是一个大题目，是诚敬文字。诸君请细读。

一、名

笔者在朋友圈和6个商家群里问了同一个问题：

同厂工艺，相仿的板型，绣花鞋，给两个品牌供货。

A品牌名：巧娘子。

B品牌名：小熊猫。

同上天猫旗舰店，运营水准相当，谁会赢?

结果是，9成人选择了A。

由此可见，汉语言文字熏陶生长的中国消费者，果然是能自觉地知道什么样的名字和“绣花鞋”更和谐。“小熊猫”的确是一个很好的品牌名字，但没有“巧娘子”更容易给绣花鞋加分。

语言文字是了不得的事情，是文化承载，也是人的思维模式。

再看看那些卖得好、做得强的零售品牌，基本上都有一个好名字。好名字能立多大的功劳，又该如何测算，这是一件很困难的事情，但你知道那是确切存在的。

比如一个服装连锁品牌，如果从名字上体现不出来一丝服装的感觉，也是容易被绊住手脚的。

胡乱勾搭洋文译字的零售品牌要留心了，这是一个越来越容易感受到消费者背身而去的年代。

品牌有一个好名字，还要有好的运营和管理才能出结果。但没有一个好名字，就容易差那么一口气，没有了冠军的气象，较着劲儿也上不来。并非人力无能，奈何先天不足。

除了名字，logo也是，第一眼就令人费解的logo，都要特别留心。

要让一个现实中经营困难的零售品牌承认品牌名称或者 logo 不够好，是非常困难的。

中国人对“精”的认识，对“雅”的理解，是藏进汉语言文字里的，从来都不曾远离，当下正在大面积地苏醒。这是一个令人兴奋的时代，也是一个令人汗流浃背的时代。

名，是师出有名，是气象。

要比，先比一比“名”。

二、貌

以貌取人是否科学呢？这大概是有一定的科学性的。许多人害怕背负了道德的包袱，不肯公开认同这四个字，但心里还是很诚实的。

大概，第一眼相不中的人，多是气韵上有冲撞。一则差异太大，道路不同；二则高下太远，段位不同；三则审美有别，趣味不同。大约是亲近不来的，亲近了也和谐不了。

你曾经很讨厌的那个人，突然让你觉得喜欢了，不妨再等等，你还是会讨厌他的；

你曾经很喜欢的那个人，突然让你觉得讨厌了，不妨再等等，你还是会喜欢他的。

看人是这样的，看零售品牌呢？

一旦零售品牌不能够符合自己的预期，消费者会立马转身，丝毫不会有负疚之感，之前的种种好都会一笔勾销。零售品牌千万不要做“消费者对我有情”的大梦。

所以，在万千品牌竞相亮相的年代，“貌”是很要紧的一件事情。产品、包装、售卖场景、销售人员表现、营销推广都要能入眼，还要一等一的恰当才好，马虎不得。

需要注意的是，强势零售品牌要个宝赚个满堂彩，也是以“结硬寨，打呆仗”做底子，无一例外。弱势品牌若耐不住而去模仿其皮毛，也只是徒耗钱财罢了。

场景为何重要呢？你去看一看，在同一品牌体系里，不同的渠道在线上、线下所做的专卖店，其经营结果的差别还是非常大的。

广东有一说法，叫“物似主人形”，那么，可否说“店如其人”？应该是可以的，因为“形”里面藏着“神”。

看貌不肤浅，貌是内在的外在呈现。

动、静、行、止皆是貌。貌是乾坤，是静的平衡，也是动的平衡，有结构，也有细节，还有延伸散发的意味。

貌，不单单是皮相，还有气象，有精、气、神。

常对比，比一比“貌”，功夫好，穿透皮肉见骨髓。

三、才

“才”，是一个零售品牌技术能力、设计能力、研发能力、经营能力等。

才是企业的技术储备，也是企业的组织储备，更是企业的管理储备。这三种储备，都不太可能轻易就具备。

能让顾客感知到品牌有才，都来自顾客看不见的企业内部的人有才。简言之，就是有人才。

人的才，一要靠积累，二要靠天赋。

怎么又扯到天赋了呢？天赋，就是一个人的差异化特长，本无高低贵贱之分，埋没了可惜，换一个方向则可能会非常痛苦。

鸭子会游水，公鸡不会。如果公鸡树立一个学游泳的理想，或者老板带领一群公鸡蹚水过河，那是无论怎么努力也做不到的。

拍电影的人很多，也都非常努力，但是很多人可能一辈子都到不了李安的高度，这是天赋决定的。

王献之练字磨墨用了三缸水，拿去向母亲炫耀，得到的评价是：“吾儿磨尽三缸水，唯有一点似羲之。”实际上，哪里是像，那一点本就是王羲之点的。

品牌有才，来源于人才。人才是第一生产力。

有很多老品牌，历久弥新，是因为有基本的经营思想在佐证、推动和约束，不使品牌做出出格的事情，同时和消费者保持可贵的共识和默契，在市场中确立品牌的价值尺度，并且为人们所熟知。

也有很多新品牌，一开门就得到消费者的追捧，可见品牌未必需要长时间的积淀，只要是当下最优的选项之一，立刻就能成为品牌。往深了看，虽然新品牌本身没有积淀，但掌管此类品牌的人肯定是有积淀的，这样的品牌也是积淀出来的。知识是死板的，经验是有灵活生命力的。

快速起势的品牌，统称为“秒起”品牌。秒起的品牌，最值得深挖，看这种品牌是如何以一种不容忽视的业务结构、业务细节和业务姿态拨开同行冲到前面。

“业务结构”是宏观的和深层次的“貌”；

“业务细节”是微观的和落地的“貌”；

“业务姿态”就是“貌”。

才，决定名、貌，也决定产品，产品本身就是品牌。

从一个更长时间的维度、更大空间的维度看，产品不给力，却能拥有品牌，这种事情从来没有发生过；产品很给力，却不能拥有品牌，这种事情也从来没有发生过。

品牌的表象是一个名称、一个 logo。品牌的实际内容物是卖方与消费者之间通过交易关系所累积并达成的某种类型的默契。

从消费者端看：这种默契就是一种合理的期待，相对比较稳定。消费者能够欣然接受这种默契的缓慢升级（品质和价格），但绝不接受品质的下滑，哪怕是价格的同步下滑。对消费者来说，这就像是在提醒自己当初的眼光错了。在消费者的内心深处，希望每一个自己曾经喜欢的品牌都能自尊自爱地活下去，并且配得上自己的长久支持，消费者乐于长期支持一个符合自己预期的品牌。

从零售品牌角度看：看见、理解并维护这种默契是很可贵的经营智慧。经营长久且稳健的零售品牌，从来不在品质和价格上让步，遇到危机之时，他们宁肯放弃规模，从内部缩减开支，也绝不破坏消费者的期望值。他们知道，没有花钱成为顾客的人，必将受到市场细节的熏染，最终成为自己的顾客；而那些花钱成为顾客的每一个个体，是生长未来生意的扎实起点。这种可贵的认识，一部分来自道德上的自觉，一部分来自理性的升华。

才，是战术，也是战略；一时的才，是战术，持久的才，就是战略。

才，是气象的生发源头。

要比，请再比一比“才”。

观照之下，看合不合“礼”。

四、德

零售品牌之德，有品德的含义，也有智慧的含义。所有抱持靠欺骗消费者来盈利的理想的品牌都不可能晋级到伟大的层面。道德的源头，是智慧。

“道德”一词，古时多为智慧层面的含义，今时多用作人品层面的含义。往深一点看，良善是最高的智慧，也是最高的道德。

于零售品牌而言，其最大的道德应当系于两个字：顾客。

一个具有正常心理和思维能力的顾客，是否希望零售品牌不惜折损自己来讨好顾客呢？不会。

顾客所谋求的是什么呢？

顾客所谋求的是“平等”和“互信”。

这两个词所描绘的关系单列出来，会有点意思：

假使顾客与零售品牌之间没有产生交易关系，那么，就不存在实质上的平等和互信。如果要强调平等和互信，则必定已经产生了交易关系。

产生交易关系之后，顾客和零售品牌之间是“平等”的吗？其实不是！交易关系产生之后，零售品牌的实质目标已经达成，而顾客的实质目标是否达成了呢？其实未必。你吃了一顿饭，有一些不满可以不买单吗？你买了一部手机，保修期内出问题糟心不糟心？你花200多元买的风扇坏掉了，可有闲情去递交投诉和送修？递交投诉的时候，顾客也是居于被动地位的。递交所谓的投诉，顾客仍然不免承其苦累。由此可见，顾客与零售品牌的关系是不平等的。

再来看看“互信”，顾客都已经掏钱买东西了，零售品牌根本就不存在不信任顾客的问题。这个互信其实只是顾客对零售品牌的信任问题。买一辆车，4S店收完钱那一刻就已经实现了全部目标，但顾客所索取的信任要真正落地，需要好几年才能验证完毕。零售品牌哭着、叫着说让顾客信任自己，这样的话只能说给还没有掏钱买货品的顾客，对已经购买的顾客不能这样讲话，让时间去验证就好了。

花了钱的都是顾客，顾客要的是平等，要的是信任不落空，但顾客又处于极度被动的地位，品牌的自觉就显得特别重要和可贵。有名、有貌、有才，都不及有德来得重要。万年之计，是品牌有德，这是大智慧。

顾客居于忐忑的位置，得到一份满足就会增添一份信任。一旦信任缺失，顾客转身离去，基本都是报复性的，一则自己不再来，二则不断宣传为何自己不再来，三则劝告别人也不要来。

若品牌察觉到顾客的被动地位，不加以抚慰，反倒感到庆幸和沾沾自喜，是很愚蠢的。

顾客的抱怨主要围绕购买的标的；顾客的抱怨从来都不会围绕花费的价格。顾客始终认为，在相应的价格区间内，最佳的标的才是最优的选择。

理解到这一层，才算知道顾客为何可爱，为何珍贵，为何要让他们满意。客大欺店的事情，当然有过，但那绝不是主流。

德是性，也是气象。

要对比，一定要比一比“德”。

观照之下，看诚、敬的分量够不够。

零售，其重心不是市场问题，而是竞争问题，是消费者的选择问题，线上零售尤其如此。

名、貌、才、德不输人的零售品牌，便是有了了不起的竞争壁垒，不容易受困于市面上常见的造作打法纠缠，保持不动心，一般都能经营得很好。把顾客维护好的，自然是会得人心的，怕什么同行？同行是谁？同行在哪里？竞争的维度早就超脱了，不必被市场的流行打法裹挟，对外界的围攻也不必那么敏感，也不必轻易动价格这条高压线。

零售品牌一旦跪下去，想要再爬起来，比登天还难。

名、貌、才、德四个字，在不同的行业和不同的产品类别里，会有迥然不同的含义。正所谓，逻辑有限，细节无穷。

所以，做零售品牌，要有仁人之心，长养之心，敬畏之心。零售品牌的逐步式微方式，只有很少一部分是以公关危机级别的模式消失，绝大多数是慢慢地磨掉市场竞争力消失的。不可不察。

貌、才、德可生名；

名、才、德可显貌；

名、貌、德长于才；

名、貌、才养于德。

名、貌、才、德，是为零售品牌四字诀。

如是观之，可。

第七章

Chapter 7

电商运营的五个段位

你手上有一盘线上的大生意，产品很不错，也有深度，资金实力也有，准备花300000元年薪请一个得力的人来驾驭。

好了，300000元的年薪引来了几位面试者，你如何在一场面试中找到想要的人呢？

方法其实不难，就是提问。

你面不改色地把下面6个问题抛出去，然后看对方如何作答，便可了然。这6个问题都过不了关，后面就没有聊的必要了。

问题1：你觉得我们的店铺存在哪些问题？

➢ 不值当的回答：

（直接回答型）我觉得主要问题是1、2、3……

➢ 值当的回答：

（先做一手调查型）这个店开多长时间了？可以看一下后台数据吗？主要竞争对手是哪些？团队人员构成是什么样的？推广投入如何？产品周期是怎样的……

然后才是1、2、3……

问题2：你认为我们的店铺需要拿出销售额的百分之多少来做推广比较好？

➢ 不值当的回答：

（直接给出具体建议型）用10%～15%的费用做推广比较合理，不然没流量。

➢ 值当的回答：

（权衡型）一般情况下店铺产品的毛利率是多少？推广比值也不一定能说明问题，要根据自身的实际需要，不同时期的实际需要也会有差异，大体是需要在可承受的比较安全的范围内去做推广计划，需要不断地做测试才能知道。

问题3：一般的推广方式有哪些？

➢ 不值当的回答：

主要就是直通车，淘宝客也很不错。

➢ 值当的回答：

直通车只是辅助手段，钻展适合做品牌推广，还有提升包装、买赠、满减、客户营销等方式，不一定是烧钱才叫推广。

问题4：这家店交到你手上，你会做哪些改进？

➢ 不值当的回答：

我会从优化标题、精细化开直通车、提升搜索权重等方面下手。要做的事情很多，淘宝经常有变化，玩法实在是太多了，所以要保持关注，一不小心就容易落伍。

➢ 值当的回答：

第一步是了解团队；第二步是梳理产品，做一个当下和未来一年内的产品计划；第三步是一步一步地把无线和PC端的窗口图、首页、详情等做一个结构化的梳理，后面进行常规化的推广和维护，对消费者数据还要做比较深入的了解。尽可能地让团队里的人都了解店铺运作的数据含义，以及整个运营正在发生的变化。

电商不是神秘的事物，主要还是让消费者更愿意选择我们。

问题5：你喜欢看书、听音乐和看电影吗？

➢ 不值当的回答：

不喜欢，现在手机上网比较方便，能学到很多有用的知识。

我一般只看好莱坞大片，从来不看国产电影。

➢ 值当的回答：

喜欢，都很喜欢，我喜欢的有……

问题6：你读过子道的《电商不难》吗？那本书怎么样？

➢ 不值当的回答：

读过，没有实操价值，全是没用的理论。

➢ 值当的回答：

读过，是非常好的一本书。不管是对新手还是老手而言，都是常读常新的一本书。我还读过他的《中国零售》，比《电商不难》还要好。

如果面试者在回答这6个小问题时中了3个坑，基本可以确定是难堪大任的。

至少需要有5个问题回答得比较好，才有进一步谈下去的必要，以便进一步掂量面试者值不值300000元，担不担得起这一整盘的生意。

具有朴素沉着的运营思想的人，才有可能是运营界真正的牛人。

凡是将电商描绘得酷炫、神秘、具有妖魔化色彩，以流量为唯一要素，并且以“流行性”来强化自身观点的面试者，皆不可用。谨记！

有人问笔者，此文一发，是不是在帮助菜鸟运营也能唬得300000元年薪呢？

这真是一个好问题，莫要担心，笔者这里还有5把尺子帮助老板丈量深浅，一个人的本事哪里是装得出来的。

老板们反复诵读“朴素天真”公众号文章，对电商零售的底层逻辑认识必定是一日千里。做运营的小伙伴，也要懂得持护本心，虚心勤敬，朴素天真，好好长本事才是正道。

功夫深的，能从一个品牌的零售末端，看见品牌最顶端的精神和意志，学习之法，可依此明心见性。

此，莫谓言之不实。

电商运营大致可分为五个段位：

一、呆萌段

呆萌段，就是还没有见过江湖。

意识能量：处于这个阶段的运营，对电商的认识比较碎片化，其认知的宽度、深度都不够。注重名词、概念，但理解不透。看重操作方法的可复制性，经常在电商论坛的流行性文章里挖宝，相信电商操作有所谓的秘诀，恨自己未成钢。

动作能量：简单，复制型，再重复型，运营执行质量不高。或者是：“今天怎么没有一个人来问呢？”

团队能量：玩票型，试试看，不指着这个吃饭。

岗位效果：精力投入少，成本投入少，亏的亏不多，赚的赚不多。

谦逊度：非常谦逊，无知型的朴素，几乎是没有自我的。

二、油条段

油条段，见过江湖里的一些偏门俗路，偶有小得，于是反复练习，不能自拔。

意识能量：处于这个阶段的运营，对电商零售的基本执行动作比较熟悉，但理论认识仍旧比较碎片化，思想深度非常欠缺。看重操作方法的可复制性，自信能在网络路径的一亩三分地里挖到至宝，更加相信电商操作有秘诀，认为自己快成钢。

动作能量：简单，复制型，注重创新性动作，执行质量不高。

团队能量：会教育新人一些概念，但无法支撑整个团队。

岗位效果：运营一家风雨飘摇的小店，所得不多。

自己做的偶尔能糊口，多数是勉强维持或者退出。

一部分人能给缺乏面试能力的老板打工，老板亏钱概率高于赚钱概率，但也亏不了多少。

谦逊度：崇拜流量挖掘动作，对整理零售逻辑嗤之以鼻，有一定的自我，自信所走道路的正确性，相信自己的汗水不会白费，相信自己会越来越强大。

一定程度上将电商零售看作神秘化、妖魔化、不可描述的事物。

三、造作段

造作段，为店铺运营界之主流，是作死的故事集中营。

几乎所有酷炫操作和黑技术概念的发源地，胜利的喜悦和失败的苦楚都非常饱满。

意识能量：处于这个阶段的运营，对电商的认识有一定的理论提炼，常常偏向放大局部优势，侧重卖货，对价格敏感，对同行竞争敏感，舍得投入，不惧高开高打。

对表层变化的东西敏感，对不变的底层逻辑不敏感。

动作能量：流量是所有工作的核心。

常有法，无常法。

看似勤勉有加，实则是不思进取的懒政集中营。

团队能量：成败系于一人。

稍有长处，但藏着掖着，自保型。

不利于团队的梯度建设和长远发展。

岗位效果：大权在握，肆意挥霍。

一成小赚，趋平稳，懂得适度检讨，或者受老板的牵制而有所斩获。

一成大赚，乃品牌自身能量所致，非运营之功。兼有内部约束，大错得以避免。不作便是功德圆满。

谦逊度：老子天下第一，老板不懂电商，团队也不懂电商，都得听我的，没有我不会的。

四、能臣段

能臣段，经验老到，能打，武功稳定居于江湖前5%。

幸则有起死回生之能，不幸则有巢倾卵覆之危，可立大功，可作大妖，毁誉各半。

能力无疑，全在一个君臣之“德”。

需要老板以礼待之，不可辱没之，以合“君臣”之礼。

不可不牵制之。

于老板角度：下不“忠信”即罢之，一刻不留。

于运营角度：上“无礼”，即去，莫停留。

上下同心，共克时艰者，必有所成。

意识能量：思想具有结构性特点，具有一定的完整度，也不乏朴素的真知，不容易作妖。

既注重逻辑，也关注细节。

运营思想有一定的定力，不为怪力乱神所动。

动作能量：有计划，诸事有常。看得见久久之功。

团队能量：督导型，推动过程，把控结果。

责任独揽，功劳分摊，有一定的领导魅力。

求自身稳定，不求团队的可持续性，要推一把，给予更高期许。

岗位效果：四平八稳，按部就班，结果可控。

舍我的牺牲精神稍欠，需要更大的利益驾驭之。

谦逊度：沉稳、谦逊，具有一定的朴素性，如履薄冰。

五、无为段

无为段，稳！且强！

江湖占比不足1%。

主人翁意识强，追求个人价值的实现。

意识能量：低头见地藏，抬头穿云端，不为造作事，好读不死书。

处于这个阶段的运营，对电商的认识比较完整，成体系，观点生动，且有深度，心若止水，坚如磐石。

不好对外表达，内藏久久之功。

敦厚，不作妖，热爱生活本身，有职业荣誉感，得体从容。

动作能量：三思而后行，行则如风雷。

强，且稳。

防火多于救火。

团队能量：目光长远，为团队做长久打算，有人才梯度考量和执行，有团队人员轮岗执行。受团队成员尊敬。

岗位效果：无为。

善于选择人，培养人，激励人，牵制人。

团队个个能打，任何人请假、离职都有预案。

砍掉一半人，而能于业务无伤。

自己离开一个月，遥控指挥，团队也能诸事如常。

在纷繁复杂的市场环境中，其品牌运营节奏和姿态保有可贵的稳定性和独立性。

其中有翘楚，生生将“买方市场”做成了“卖方市场”，令同行“看不见尾灯”。

谦逊度：非常谦逊，常常怀疑自己，如履薄冰，战战兢兢。

行业 TOP 1 且能获得良好盈利的品牌，皆有此类大才之功。

一般来讲，零售品牌需要谋求与市场需求建立“门当户对”的关系，做哪一个分层市场的生意，就要做哪个分层市场中竞争力的最优者。

但是，电商运营却不能和零售品牌“门当户对”，弱了拖品牌的后腿，门当户对则保江山都难，必须是人比品牌强，由人拉着品牌往上走才行。

由品牌拉着人往上走，绝不应该是管理者的定位。

第八章

Chapter 8

电商运营的前后端分切

电商运营的前后端分割点（见图 8－1）共分五个点来讲。

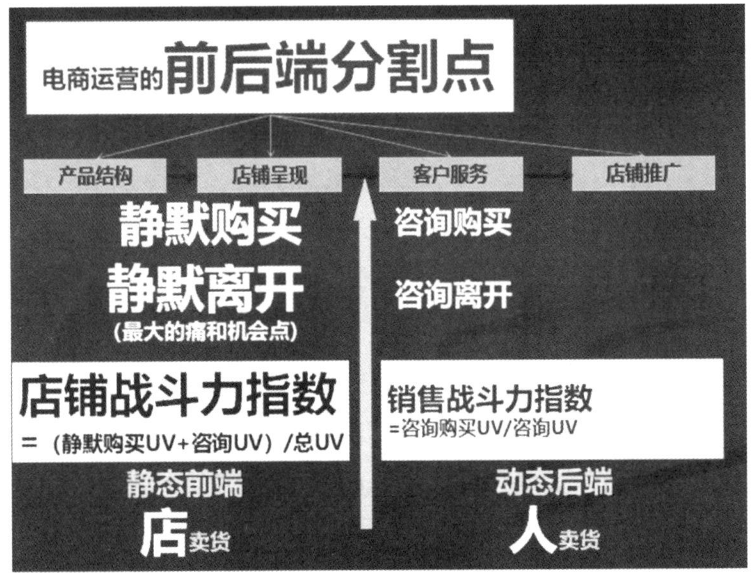

图 8－1　电商运营的前后端分割点

一、流量的四个去向

顾客进店的时候，不论访问深度如何，都可能面临四个方向：

➢ 静默购买。

➢ 静默离开。

➢ 咨询购买。

➢ 咨询离开。

顾客的决策依据是什么？

顾客发起咨询和品类有什么关系？复杂度如何？价格如何？

顾客发起咨询的依据是什么？

咨询的深浅之分的依据是什么？

流量的去向，完全取决于店铺自身对流量的说服力。

消费者完全是在客服销售人员介入之前，就已经做出了自己的基础性决策。

二、流量去向的承载基础

流量去向的前端：店铺。

前端包括：

➢ 窗口图、标题。

➢ 详情。

➢ 首页。

➢ 结构。

➢ 细节。

➢ 文案。

➢ 整体性。

流量去向的后端：销售。

➢ 如何开始第一句话？

➢ 怎么回答问题？

➢ 如何提出问题？

➢ 为什么要提问？

➢ 沟通的松紧度。

三、静态前端的一体性

前端的一体性在于顾客有一双洞察一切的眼睛，会观察单品，还会观察整个店铺，对详情、首页、文案、细节等也不能割裂来看。

有些店铺是详情优于首页，丧失店铺的说服力。爆款思维比较强的，容易陷入单品思维，忽略对店铺整体协同性和竞争力的打造。

有些店铺是首页优于详情，丧失了对单品的说服力，运营团队过于强调店铺的格调，很多设计元素超出了审美的必要性，也超出了功能的必要性。

四、动态后端的分割性

店铺前端能够比较具体地构建消费者的认知基础，到后端人工介入之后，所受到的影响就不稳定了。

店铺的表现一旦定型，某一时间段之内是稳定的。

人工销售介入之后，顾客的体感差别会非常大，响应时间无法做到和顾客完全同频同步，但是顾客是没有愿望和义务来理解这一点的。

前端的价值在于尽可能地弱化后端的介入，简化后端的介入，提升后端介入的效果和效率，使顾客和销售人员在对接过程中更加从容。

五、电商运营的轻重缓急

做网店，就像开车上高速公路一样。

如果发现车子跑不动，就开始琢磨自己的开车技术是不是不够好，或者觉得是不是应该多加点燃油宝，改换98号汽油……但是，有一件事情总是容易被忘记的。

笔者的建议是：请进服务区休息一下，仔细琢磨一下这辆车，再看看两边超过你的都是什么品牌和类型的车。

路是一样的，司机是差不多的，差别在哪里呢？在于车。

前后端的概念，其实就是电商运营思想体系的两分法：店铺派和流量派。

如果店铺太弱，流量是不会来的，花钱买来了流量也运作不好。

电商运营前后端的两分法，很清晰地反映了店铺之间竞争的核心是什么，也很直接地反映了消费者在进行线上购物时的主观决策心理和客观行为路径。

之所以讲这个话题，是要引出来一个非常重要的概念：

店比人强！

因为店是战斗机，人是飞行员。

隔代战斗机之间的对决，飞行员的技术差别就近乎消失了。

今时今日之电商，人的价值不在于撸袖子拼刺刀，而是在于会制造战斗机，制造别人接近不了的战斗机。

人的价值不在于如何找到更多的流量，而在于如何用一个更具有优势的店铺去承接和转化进店的每一个流量。

笔者还要不断地强调一件事情，就是奉劝大家不要挖空心思地去找平台的漏洞。

平台的逻辑也不复杂，就是在营收最大化和生态可持续发展之间找到微妙的平衡，这是由平台的经营哲学决定的。

要相信平台有足够的智能平衡好这件事情，所以你可以默认平台是没有漏洞的。那些所谓的漏洞，那些所谓的流量泄露，不过是为了确保平台的多样性，多少照顾一下中小卖家的做法。

你的店铺如果足够优秀，平台一定不会埋没你，一定会扶持你，一定不会跟你过不去。

前提是在众多同行店铺里，你的店铺有没有高人一等的竞争力，有没有受到最广大消费者的普遍青睐，顾客进店的成交转化率是否具备一定的必然性。

第九章

Chapter 9

产品结构是第一生产力

产品和产品结构规划是做电商零售的头等大事!

做线上业务，尤其是在开放平台，产品结构都是第一位的事情。这件事情没有弄明白，后面所有的努力必定白费，再多的运营执行和推广投入都不会产生期望的运营结果。

产品结构本身是一个商业零售体的完整表达，这个表达需要具有清晰、完整、流畅、自信的特征，最终目的是尽可能地让消费者花最少的时间和精力就能明白一个零售主体是做什么的，并且认为这个零售主体是自己的最佳选择。

单品必须能打，产品结构也必须能打，产品结构的优势一旦确立，八成的能量就已经蓄足了。这个模块输了，美工也就没法做事了，后面的事情都没戏。产品结构是军队和武器库，是总的根源，是军力建构的中枢。

零售品牌规划产品和产品结构的目标，是要契合消费者的理性价值尺度，也要契合消费者的感性价值尺度，更是在竞争对比中进行比较优势构建最重要的砝码。

规划产品和产品结构，需要从以下九个方面入手:

一、做精品

没有不好的行业，只有不好的做法，各行各业都有翘楚。超一流零售品牌通常做的是消费者日常需要用到的产品，而不是做一些顾客买回家放着落灰尘的产品。

很多产品比较新、奇、特，顾客买了、用了，然后搁置了，并且后悔买了。这类产品几乎没有生长出大品牌的可能性，也没有超级大卖家出现过。

非日常需求的产品很难让消费者形成持续的需求和好感，也就无法传播，整个业务成长的曲线平淡无奇。一旦触摸到天花板，便会痛苦不堪。

精品是什么?

精品就是零售品牌对外宣布：我是正经八百地做产品的，不是“打酱油”的。

长久之计，当然是必须做相对较好的产品，这是不可忽悠的底线。

然后，还必须比同行贵一点。你的东西比别人好一点，如何证明呢?

你不比同行贵一点，怎么能证明你的产品比同行好呢？

价格是品质的名片，价格承担自证其品质的任务。

高价打败低价，靠的不仅仅是工和料的成本，也不仅仅是品质，而是人心的洞察，人性的驾驭。

产品能力特别强的零售品牌，能把“买方市场”做成“卖方市场”。

毫无疑问，产品是电商零售竞争中的第一生产力，这里就有一个不可绕开的话题：产品设计师。于零售品牌而言，产品设计师可能是天使，也可能是魔鬼。

当消费者开始选择或者放弃一个品牌的时候，最主要的原因便是产品。营销的功劳或者责任往往容易被夸大。好的营销是以极为简略的方式把事情说得明白完整，即便如此，营销仍然是踩在产品的肩膀上。

“产品”二字，其含义十分宽泛，不单指产品材质、工艺、设计、包装、服务、定价、产品结构、渠道、效率、场景等，但凡消费者能感知的细节，几乎都应该属于产品范畴，也都属于营销范畴，一不留心，到处都是坑，坑坑皆不能自救。

企业内各部门的确是割裂开来的，而在整体层面相互之间的密合度则是真功夫。怕就怕，产品糊涂，“营销”来凑；水平不行，“管理”来救。

一个产品不糊涂的企业，营销也不会糊涂，天底下的事情往往如此，反之亦然。

追根溯源，产品设计师是企业的天使还是魔鬼，如何延请、任用、约束产品设计师也是老板需要关切的事情，非如此，不可长保。

企业规模做得大了，管理层常常眼界高了，专注所谓的“更高级”的事项，把零售最末端的消费者的静默感受抛诸脑后，耻于下问，一味地迷信万能的权责赏罚管理功能，对衣食父母的诚敬全无。从企业角度来看，所有的力量都生发于最末端的零售交易；从消费者角度来看，只有对产品是有切身体会的，其余，消费者无感。

将帅第一等要件，是要有足够的“敏感”。

每个人的天分都是有限的，需要一辈子谦虚钻研和学习。一个企业的兴衰，到底是产品的问题还是管理的问题，大概产品和管理本就是一门的事情。

言到此处，略表几句关于产品设计师的思考，如下：

➢ 产品设计师的首要人格品质是同理心，其次才是专业技能。

➢ 一个产品设计师在介绍设计方案时只有“他认为”而没有“为了消费者”，这样的设计方案很可能是不可靠的。

➢ 许多时候，设计是一个意识问题，和成本投入的关系并不大，许多良好的设计还能大大地节约成本和提升效率。

➢ 这个世界充满了愚蠢的、丑陋的、反人类的设计，这是设计师存在的价值。

➢ 产品设计的重要性应该排在所有营销环节之前。比如一款汽车的整体设计要比其未来的所有销售策略的总和还重要。

➢ 那些迅速被人们接纳的产品往往只是在现有产品的基础上做了充满灵性的改进，使之看起来熟悉，又让人感觉到“心慰”。

➢ 大到城市规划，小到一包面巾纸的抽取方式，产品设计师需要潜心找到产品设计的缺陷，以不达目的不罢休的完美主义心态去解决所遇到的问题。

➢ 设计本身需要直观地反馈其必要性、实用性、便利性、可靠性和审美优势。

➢ 产品设计师应该是什么样的人?

- 产品设计师应该是善良敏感的人，以百年的仁心去设计产品；
- 产品设计师应该是有完美主义情结的人，以极大的热情潜心于产品设计工作的各个阶段和各种调整优化；
- 产品设计师应该是珍视荣誉如生命的人，对消费者的眼光如芒在背；
- 产品设计师应该是负责任、有担当的人，以自己有担负品牌兴衰的肩膀而感到惶恐和自豪；
- 产品设计师应该是有广阔视野的人，却又能孤独地钻进消费者共有的沉默区域进行深入的探索。

➢ 产品设计师设计的作品如果过于小众则不能胜任其职责，因为这种设计思想不符合零售品牌追求效率和效益的目标。

➢ 杰出的零售品牌设计师除了要有非凡的设计天赋外，还要有牺牲自我的设计思想，产品设计师的工作并不等同于艺术家的个性创作，他们必须钻进最广大的消费者的内心去找寻最大范畴的共同喜好，这是一个实践平衡点的艰难过程。现实生活中也不乏既符合设计师理想，又符合市场口味的经典设计。

➢ 产品设计是见事物之精妙的工作：一是设计者展现了事物之精妙；二是消费者也看见了事物之精妙。

➢ 设计的目标不在于创新的设计，设计的目标在于更好的设计。

➢ 创新的目标不是“不同”，而是“更好”，这是常常被搞混的。

➢ 零售品牌的产品设计师需要有艺术家的特质，然而其主要定位绝不应该是艺术家，设计师的工作目标是流行性作品。

须知，产品设计师的锅，市场不会背，最终都是老板的。

再强调一点，包装是产品的一部分。于电商而言，快递包裹也是产品的一部分。

二、做专注

这是一个关于定位的话题。

如前文所述，很多网店一直缺乏流量、缺乏访问深度、缺乏转化、缺乏规模，打开店铺一看，十有八九是多面手。

你能在他家看见牛仔裤，也能看见丝袜，甚至还能看见鞋子，他要扮演百货商场，不过得先问消费者同不同意。

做专注，就是一个店铺只做一件事情。

1. 专注的优势原理

4 家店铺：

A 店铺：产品结构 AAAAAAAAAA……

B 店铺：产品结构 BBBBBBBBBB……

C 店铺：产品结构 CCCCCCCCCC……

D 店铺：产品结构 ABCDEFGHIJ……

4 位顾客：

A 顾客：需求 A 产品。

B 顾客：需求 B 产品。

C 顾客：需求 C 产品。

D 顾客：需求 D 产品。

结果会如何？

A 顾客倾向选择 A 店铺。

B 顾客倾向选择 B 店铺。

C 顾客倾向选择 C 店铺。

那么，D 店铺是最痛苦的。

也就是说：

如果卖 AAAAAAAAAA，能卖 100 件；

那么，卖 AAAAABBBBB，能卖 50 件 +10 件；

或者特别有开拓精神，卖 AAABBBCCCCDDDD……

大概能卖 20 件 +10 件 +5 件 +2 件。

换言之，越贪心，越没有凸显差异优势，越没有前途。

D 顾客会选择哪一家店铺呢？是 D 店铺吗？

D 顾客的选择是专注卖“DDDDDDDDDD……”的店铺。

2. 大而全理念的误区

大而全策略的根源无非是贪图所谓的搜索关键词和流量概率，但对于店铺因此丧失专业化形象的竞争力、丧失转化率和丧失传播性的危害认识不够。线上和线下的消费场景还是有本质区别的。

如前文所述，线下消费场景：

一个店铺对接：消费者 A、消费者 B、消费者 C……

在线下环境中，消费者因时间和空间成本约束，在特定的消费决策时刻所面临的消费选择不够宽泛，这就要求卖方提供更多的消费选项来满足不同类型的消费需求。

线上消费场景：

一个消费者对接：店铺 A、店铺 B、店铺 C……

在线上环境中，消费者以极低的成本就能获得海量的供给信息，选择自由度空前放大，每一次的特定消费决策都希望做出相对较优的选择。那么，消费者会认为专注的卖家更专业，这就是线上业务专注的价值。

这就是线上零售与线下零售的本质区别之一。

当然，大而全的店铺别说转化率达到了 15%，这不稀奇，因为客单价可能只有行业平均客单价的一半，冷暖自知。

某些超级品牌可能出现多个旗舰店，为什么？因为一个店铺最容易成长的方式是只做一件事情，同一品牌体系下的多个品类旗舰店本身就是在遵循店铺的定位策略。

有一些比较专注的纯线上品牌，居然做到了和国际大牌旗舰店同等的规模，其原因就是国际大牌的定位太散了，而这些线上品牌做到了聚焦。

“专注”，有一个词可以形容，这个词就是“小而美”。其实这三个字的引申含义是 5 个字：小而美而大！需要读到的是后面的两个字。中国文字就是这样，不会太直白。

为何要 AAAAAAAAAA……专注到底呢？

你可能认为 A 只满足了 A 顾客，而丧失了 B 顾客和 C 顾客，笔者有两个消息告诉你：

一个坏消息：A 顾客可能因为你的定位复杂而放弃购买你的 A 产品；

一个好消息：B 顾客和 C 顾客在下周和下下周的需求也可能是 A 产品。

如果不能解决定位专注的问题，这两个消息都会变成坏消息。

从某种意义上说，小而美也挺好，把品牌牢固树立起来，时机未到别去盲目扩张，也别求太大，稳健经营比什么都强。如果是真能做大的、看准的，还是拼搏上位更有乐趣。需要注意的是，不要太贪多求快。

“大而全”的观念可能是看到线下店铺有 ABC，所以认为线上也可以 ABC，但综观线上成功的大店铺，相对是品牌、品类比较聚焦的案例占据绝大多数。消费者主导型消费不会认同你的定位分散，这是极其危险的。

没有定位做基石，随后的所有付出都可能徒劳无功！

需要注意的是，对专注度的理解不可偏狭。一般来说，符合顾客同一时间同时购买或者很自然地替代购买的品类和单品都是符合专注度的。比如：

炒锅和锅铲一起卖是专注的，不一起卖反倒是有问题的；

电风扇和电饭煲一起卖，很可能就是不专注的；

牛仔裤和皮鞋一起卖可能是专注的，也可能是不专注的，要看店铺的整体供应链结构而定。

不可不察。

三、做深度

产品深度是长期被严重忽视的竞争要素。

如果要展现零售品牌的专业、专注，没有足够的产品深度是不行的。有人一上来就说苹果手机如何，这个问题该如何回答？其实苹果品牌只有一个，而咱们和乔布斯这样的“艺术家”的差距还是太大了。

同等操作水准，同样卖吸尘器，一个有 40 款吸尘器 +30 款吸尘器配件的店铺要干掉一家只有 3 款吸尘器的店铺几乎毫无悬念。这个例子够具体了吧！您要是也有 40 款吸尘器 +30 款吸尘器配件，开一家店，整好了也会是江湖一霸。为什么要把配件也展示出来呢？别人没这么干的，你就显得更加专业了！

产品深度是什么？

3 家店铺：

A 店铺：产品结构 AAAAAAAAAAAAAAAA……

B 店铺：产品结构 AAAAAAAAA……

C 店铺：产品结构 AAAA……

如果这 3 家店铺的产品品质、价格和运营水准差不多，那么，A 店铺碾压 B、C 店铺几乎是没有悬念的，B 店铺碾压 C 店铺也大概率是没有悬念的。

产品深度展现的是品牌定位、专业度、专注度、品牌能力。不塞满一点就不开这个店铺了，虽然唱戏的就是几个主角，但没有配角，这戏就没法唱！

四、主推明确

开放平台的电商成交是消费者主导型，注定无法形成所有产品全面开花的局面。无论成功的店铺还是不成功的店铺，其结果都符合二八分布原则。

既然结果一早就确定了，不如早点往这个方向走。

在现阶段，任何违背这个思路的做法，都可能受挫！

或许有人说你看某某店铺好几个单品的销量都超过2000件了，这不是印证了所有产品都可以起量？您看看他们家的单品高位数可能达到100000件了。

主推是什么？

主推就是卖家知道根据市场的反馈和自己的营销倾斜，平衡对消费者的“顺从”和“引导”之间的关系，让消费者的购买聚焦，进一步拉升主推单品的权重和影响力，并努力让消费者购买后形成传播。

需要注意以下几点：

主推款未必是推广出来的，很可能是市场自己培养出来的；

主推款不单单是流量的来源，还是利润的来源，引流款拉流量卖利润款的曲线救国道路基本上是虚妄的，主推款绝不能亏本卖；

主推款的表现如何优秀，都不能让单品盖过了品牌整体的光芒。这是需要深入骨髓思考和权衡的事情。

五、注重呈现

一定要反复强调这一点：你有好的产品，有好的产品专注度，有好的产品深度，有好的主推方向，靠什么传递给消费者呢？

靠页面呈现！

页面到底有多重要？页面到底意味着什么？

店铺呈现是店铺连接顾客最基础的通路；

是零售品牌所有表达的总和；

是消费者所有行为路径的总和；

是客服销售的前哨，是创造“点球”的功臣；

是达成“静默成交”的绝对“主力前锋”；

是对所有流量的承载、说服、引导和再分配；

是提升“访问深度”和“转化率”的根本；

“访问深度”就是消费者的“民意”，就是“转化率”，就是店铺的“战斗力”；

是运营思想的现实表现形式，也是最高表现形式。

无论如何强调页面的逻辑、细节和气质都不过分。除了日常理解的首页和详情，还应该包括营销图片、DSR 等，页面最核心的优势在于其展现的完整性、逻辑性及细节考究。文案、调性、气质也是决定因素。好就是好，不好就是不好，而且好没有上限，差也没有底线。这个最难讲清楚，你得“学”，得“悟”！

静默成交取决于产品结构和店铺表达，产品结构好，页面不给力，是暴殄天物。

店铺呈现是零售运营中的排兵布阵，是左、右、中军和奇兵的筹划，是行进的姿态和逻辑，是店铺零售运营思想和艺术的最高结合。

消费者对你的所有判断，都来自眼睛收集到的信息及其完整度，这是消费者做判断的所有依据来源。

什么是营销？页面就是第一营销！

第一要展现完整性；

第二要展现专注度；

第三要展现深度；

第四要展现主推的方向；

第五要展现品牌的文化和调性。

这五点做好了，零售逻辑一定会很好。当然，要帮助消费者快速了解你，不能耽误消费者的时间，不要让消费者费脑。

消费者没有接纳、理解和包容弱势表达的愿望和义务。

消费者产生静默购买的原因全部来源于你的页面，消费者产生咨询的源头也全部来源于你的页面。

有一点必须强调：你的店铺的产品价格定位不能全是以 9 结尾，那样看起来是故意的，不真实。学习以 9 结尾的定价策略也别学得这么僵化。

你也别动不动就抛开品牌身份去宣传渠道身份，消费者对品牌和产品的兴趣是对渠道身份的 100 倍。别以渠道的名义去做推广。

做好展现的目的不是好看，而是给消费者传递信心！

页面都做不好的店铺，消费者很难树立信心。于是，只能低价，这是不归路。

展现太重要，但是展现最难讲清楚。要靠不断对比、不断打磨，培养悟性。等你有足够的经验，就会发现页面也是具有清晰的结构的。

相比之下，流量最容易讲清楚！

六、产品外观有多重要

笔者非常明确地表达一个朴素的观点：消费决策本身是感性的，是肤浅的，是以貌取人的！

当我们化身消费者的时候，都是这样。

赚钱已经很辛苦了，谁愿意花钱的时候也花得那么深刻呢？

产品外观到底有多重要？你坐上一辆汽车，你感受到的不仅仅是座椅，还有内饰、色彩、轮毂、光泽、声音、每一个线条，甚至会回忆起产品的海报和视频。一个人开上心仪的汽车的时候，会不断地脑补这辆车的静止姿态、起步姿态、行进姿态、转向姿态和减速姿态。一辆车，从发布下线的那一刻起，基本上就已经决定了未来的市场命运。

iPhone 4 推出以前的苹果手机，市面上对其并没有太疯狂，直到它出来以后，以极致的外观和细腻度迅速征服了全世界。

再看看线上卖得最好的那些单品和店铺，哪一个没有细腻的高颜值？

最漂亮的店铺里最漂亮的单品，走高的可能性很大！

产品设计早就不仅仅是一个审美问题，而是一个关乎生死的问题。技术是第一生产力，产品设计是仅次于技术的第二生产力。

这很肤浅吗？

不仅不肤浅，还很深刻。

不管你承认不承认，每个人骨子里还是偏爱更美的东西。

大到买车，小到买鞋；

大到买房，小到找饭馆。

莫不如是！

爱美！不是错！不肤浅！人性使然。

七、如何提升产品说服力

通俗地讲，这个得靠文案和调性。

卖咖啡机，别一上来就说大牌3折起，写个有调性的文案：

骄傲的时光。

美一点，再美一点点，再有韵味一点点，消费者会代入地想，自己在家煮咖啡是多么惬意的事情。

人有基本需求，更有心理需求。

你传递了什么，你的产品会给消费者的生活带来什么改变，以及让消费者获得什么样的心情，这才是重点，才是核心竞争力！这其实已经涉及品牌拉力的范畴了。

消费者的感性需求和理性需求都需要得到满足。

观摩一下全网卖得最好的单品，绝不可能是卖得最便宜的，均价偏上的居多，价格巨贵的也不在少数。为什么会这样？因为他们都做到了让消费者认同产品是真的值那个价钱。

你打低价，同行未必怕你，消费者也未必买账。

八、产品选择范围

产品选择范围有两个维度：

1. 价格区间维度

价格必须是通常市场接受度范围内的价格区间。

比如电饭锅，200～600元唱主角，1000多元的也行，5000元以上的就曲高和寡了，100元以下的，其实网购的主流人群不愿意承认自己是这个消费层次。

太高，倒不一定会很痛苦！

太低，多数会很痛苦！

对店铺内的产品价格梯队的过渡性也必须予以关注，别整一套100元、500元、1500元这样的价格区间出来，会很累的。

2. 功能定位维度

就一句话：您别什么都卖！

价格降下去，容易！要想再涨回来，难！

别轻易牺牲你的利润，有“战略性亏损”的决心，还不如把团队建好一点，把产品线整好一点，把服务的动作做细致一点。

如果一个品牌的品质足够好，形象也足够好，不会因为价格高而市场受损。喜欢的人终究会在某个时间点进行购买，这也是长尾。

如果你的店铺成为某一类需求消费者必然想到和必逛的店铺，才真的强悍了，第一流的大店其实都是这个样子。

九、如何改进产品结构

一是“增”。

把缺失的单品补充进去，补充主角，也要补充配角。

“增”的目的是达成构建产品深度的目标。

深度意味着什么呢？深度意味着竞争力！

二是“减”。

“减”掉有损店铺定位的单品。

产品结构是店铺运营4大模块（产品结构、店铺呈现、客户服务、店铺流量）的基础，没有这个基础，所有努力都白费。

笔者的确见过有的店铺在电饭锅的旁边放洗脚盆，这是做什么？

千万别一边卖丝袜，一边卖炒粉干（一种地方小吃），结果是丝袜卖不出去，炒粉干也卖不出去。

活不下去了就亏本卖，卖完了还得抱怨这条街不好。

产品结构就是零售店铺的定位，这是摆在最前端的消费者的价值观，需要观察到以下三件事：

➢ 那么多成功的老品牌为何不扩张新品类呢？是他们缺钱吗？是他们

缺人吗?

➢ 即便是老品牌，最成功的也往往是相对专注的。

➢ 新品牌疯狂扩张品类的成功案例有几个？你的资源和他们是一样的吗?

如果真要扩张怎么办？不如多做几个品牌。

你去看一看成功的品牌持有人，往往拥有好几个品牌。

B2C（零售）和 B2B（商业合作）完全是两码事。

在市场体量庞大、消费行为活跃的现代商业社会，最美好的事情莫过于一个品牌代表了一个品类，或者说消费者想到一个品类的时候，马上联想到某一个品牌。

新品牌疯狂扩张品类通常会遭遇巨大的挫折。

即便是老品牌，扩张新品类往往也是艰难的。

对于一个零售品牌来说，产品结构及其呈现的优势一旦确立，就能成为极高明的竞争策略，也是极坚固的优势壁垒。这一优势如果达到行业最优，其业务成长必定是爆炸式的，其市场地位与同行对比必定是碾压式的。

如果硬要说，产品结构不想动，页面能力也有限，还想谋求快速生长的方法，只能是白操心了。

电商运营要获得“高大上”的流量，必须建立 9 大优势：

（1）**产品结构优势**：这是最根本的，单品必须能打，产品结构也必须能打。产品结构优势一旦确立，八成的能量就已经蓄足了。这个模块输了，美工也就没法做事了，后面的事情都没戏。产品结构是军队和武器库，是总的根源，是战斗力建构的中枢。

（2）**店铺呈现优势**：这是最基础的通路，是店铺所有表达的总和，是消费者所有路径的总和，是对所有流量的承载、引导和再分配。

无论如何强调店铺各级页面的逻辑、细节和气质的重要性都不过分。

除了我们日常理解的首页和详情，还包括营销图片、DSR 等，页面最核心的作用在于其展现的完整性、逻辑性及细节考究。

文案、调性、气质也会是决定因素。好就是好，不好就是不好，而且好还没有上限，差也没有底线。

这个最难讲清楚，你得“学”，你得“悟”！静默成交就取决于产品结构和店铺表达。

店铺呈现是排兵布阵，是左、右、中军和奇兵的筹划，是行进的姿态和逻辑，是店铺零售运营思想和艺术的最高结合。

（3）**售中转化优势：**客服如何能够让消费者愉快地买单，客服是如何销售的？客服会和老板亲自上线一样有那么高的成功率吗？努力帮助你的客服具备如你一般的销售能力吧。1 和 2 做得好，3 才比较省力，并且比较容易成功，低客单价的简单商品甚至能轻轻松松地直接过渡到 5。

（4）**服务细节优势：**涉及哪些东西？你设计了哪些标准的动作？能够唤醒买家真正喜好的瞬间是买家拆开包裹的那一刻，以及之后会因为你的某些作为产生更大的满意度。去研究一下排名靠前的店铺吧，看看人家是如何“称霸”和“秒起”的。

（5）**静默转化优势：**有 1 和 2，以及消费者的传播影响，静默转化优势才会有，这是王道，是最美妙的事情，是碾压式的优势，是节约人力成本的法宝。静默转化是店铺运营的最高形态。

（6）**DSR 优势：**一个很好的店铺，这个能不高吗？消费者都是好人，没有谁会憋着劲儿跟你过不去。

（7）**消费者传播优势：**有前面六点，这个会差吗？

（8）**推广优势：**对于推广方式、地域范围、周期节奏、时间节奏、关键词范围，是否科学？转化率优势和消费者喜好也能把你的推广投入性价比最大化。你得问问自己，除了直通车就没招了吗？你了解钻展的价值吗？

（9）**搜索排名优势：**前面都做到了，这个一定差不了！搜索排名其实也是一个结果。平台喜欢能打的店铺，你不能打，求着平台也没用。

如果直接从第 8 和第 9 入手，再加上低价策略，或者你比较喜欢碰运气，这是不是本末倒置了呢？

如同世间最珍贵的东西很难量化一样，以上这些内容，尤其是 1、2、4、7，是比较难量化的内容，但是起到的决定性作用是不容忽视的。

卖家固然有三个自信（指智力自信、道德自信和审美自信），那么买家有没有呢？

与其说店铺运营的目的是让顾客动钱包，不如说店铺运营的手段是要让顾客动心。

顾客来了，他们的需求就是确定的，需求是不会凭空消失的，只不过是买谁的，以及什么时候买罢了。问题是，他们的眼前有 100 家店，贵店可横刀立马乎？

第十章

Chapter 10

不同商品的线上销售特点

当顾客进入店铺后，有可能是静默主动成交，也有可能是发起咨询成交，这就对客服销售人员提出了明确的要求。本章我们将重点探讨不同类别商品的成交特点，客服对顾客咨询的应对办法，以及高客单价商品的独特有效的销售逻辑是什么。

要坚持实事求是的原则，世上没有完全之法，需要具体问题具体分析。

对于店铺运营的底层逻辑，很多是可以通过数据了解的，很多是无法通过数据了解的，这就需要我们做实事求是的思考和判断。

一、商品分类和销售差别

1. 产品的复杂度和价格

➢ 简单、低价：服饰、首饰、小数码、化妆品、家具、日用品、图书、小家电等。

➢ 简单、高价：手机、奢侈品、大家电等。

➢ 复杂、高价：家装、汽车、商用设备等。

➢ 复杂、低价：基本不存在。

2. 从静默成交占比检讨店铺

简单商品，价格越低越应该是静默成交。

必须认识到一点，店铺自身的战斗力（产品结构 + 店铺呈现）对于促发静默成交具有不容忽视的决定性作用。

3. 从咨询成交转化检讨店铺

复杂、高价商品，需要格外留意客服销售的安排。

必须认识到一点，店铺自身的战斗力（产品结构 + 店铺呈现）对于引发顾客咨询，并大幅度降低咨询成交难度具有不容忽视的决定性作用。

4. 从咨询成交转化检讨销售团队

本章后面将有详细案例解说。

5. 销售团队的排班安排和培训

对销售团队的培训有哪些？

➢ 展现出足够的专业度。

➢ 能够让客户感受到友好、轻松的氛围。

➢ 会赞美顾客。

➢ 具备主动性，不留痕迹地掌握沟通的主动权。

➢ 告诉顾客自己也在用该产品。

➢ 对没有购买的顾客有跟进意识和跟进动作。

➢ 包装得体。

➢ 售后服务顺畅、合理，想在顾客之前。

➢ 售后关怀营销。

了解行业现状和产品的设计、开发、生产、仓储、物流、使用、售后等，关键时刻安排最强人手。

线上成交逻辑和线下成交逻辑有一个地方不同，线下交易是当场看货，买回家的东西就是当时下单的东西，但是线上的体验是二元分开的，下单时感受的是一个东西，实际收到之后可能和你的预期有偏差，成了另一个东西。大多数时候和自己的预期有落差，少数时候会超出预期。

二、客服不仅仅是客服

顾客进店，发起咨询，客服如何把握呢？如何进行销售和服务呢？

我们可以来看看其内在的业务逻辑和思考关键点是什么。

这个案例发生在浙江，是一个草根创业的大家电品牌。

1. 这家店的基本情况

➢ 客单价：4500 元左右，月销 100 万元左右。

➢ 毛利率：50% 左右。

➢ 转化率：1.5% 左右。

➢ 客服：5 人，20 岁上下的女孩。

➢ 产品体积大，涉及安装，基本与新房装修同步。

➢ 老板是“80 后”草根创业者，有天猫旗舰店，日均推广 1000 元，只做直通车。

2. **核心思考**

➢ 由于产品较为复杂，客单价高，所有成交必定以咨询为主，静默成交的可能性几乎为零。

➢ 数据表面的静默成交实际上是假静默，是前期客服开发的基础。

➢ 消费者购买行为慎重，选购、对比、犹豫周期长，不容易立即下单。

➢ 消费者疑虑多，需要更加成熟的销售人员（不是简单的客服应答思维）对接，应凸显耐心、细心、专业性、舒适度（这也是老板亲自做客服转化率特别高的原因，你得把本事教给销售人员）。

➢ 不能急于立即成交，对发起咨询的买家要有策略地跟进，尊重客户的咨询和购买节奏。

➢ 洞察成交消费者人际圈的价值。

3. **整改措施**

（1）产品结构：

➢ 不相干产品立即下架，专注一个品类，凸显专注和专业。

➢ 加深品类深度，SKU 深度提升为全行业第一，凸显专注和专业。

（2）店铺呈现：

➢ 详情：卖点提炼量翻倍，从理性角度和感性角度，打消消费者的疑虑。内在逻辑清晰，分块简洁，对品牌有所交代，极力引导顾客发起咨询。

➢ 首页：重做，凸显专注和专业，凸显品质感。

（3）客户服务：

➢ 在做客服之前，所有人必须到车间观摩产品实际设计、生产、入库的全过程，并实际操作打包、运输、安装的整套流程，做到绝对熟悉和自信。

➢ 立即增加客服人手，让每一单咨询的对接做到从容、耐心（1 位客服 1 天只成交 1 单，已经足以创造利润）。

➢ 增加“成熟男性”销售人员，关心顾客的装修进度、面积、尺寸，给出安装建议。

➢ 主动放慢咨询成交的节奏，跟随顾客节奏，根据顾客的需要约定成交时间，不急不躁。

➢ 尽量占用顾客停留时间和咨询时间，增加沟通的回合数，提高信息互动量，以此剥夺同行的沟通时间和沟通量。

➢ 尽可能多地收集客户的信息，记录顾客档案，为后期策略跟进提供支持（没有咨询的永远都是痛，发起咨询的一定是宝贝）。

➢ 组织微博、微信晒单活动或者类似活动。

➢ 目标：顾客咨询了你，又咨询了别人，回头还是觉得你的答复最舒服、清晰、友好、专业、热情……下单。

（4）店铺流量：推广费分两块，大头给钻展，直通车给小头，淘宝客给足利益。其他事项一概不做。

4. 整改 3 个月后的结果

流量：未增加推广费，甚至缩减部分推广费，流量自然增长，排名自然靠前。

交易额：日均 15 万元左右甚至更高，小工厂产能达到极限。

转化率：客单价稳住，转化率成长 3 倍左右，最高达到 6.9%。

基本不做活动：这个品牌很快成长为当地产业带的电商龙头。

零售是一项复杂的系统工程，有其内在的逻辑。

这个逻辑指的是消费者购买心理、行为的各个片段的走向，不是只要做好了流量就会有结果，永远不要忘记消费者的判断标准是什么，要经常问自己，消费者凭什么选择你、购买你、传播你。

店铺不够强，流量不会来，排名不会有，花钱推广肯定亏。

店铺够强，逻辑完整清晰，在消费者内心建立定位、页面、逻辑、沟通、专业度优势，排名、流量、转化会自动过来，不花一分钱推广照样生意兴隆。

要把事情做好，先把事情做对。

你的店铺和人能把别人的店铺和人比下去，很多东西都会是你的（比价格可不算本事）；许多店铺都能把你比下去，你必定是没有出路的。

希望这个案例能够给大家一些启示，认识到自己店铺的真正劣势是什么，是否彻底弄懂了线上零售的逻辑，是否真的知道自己的短板是什么，是否真的懂得产品，是否真的懂得消费者，是否真的看得懂大店。

很多人以为大店都是拉关系来的，其实都是逻辑和细节做出来的，成天要“干货”（流量）的事情实在是太多了。

案例讲完了，问题比较尖锐：业务到底是起源于流量，还是起源于消费者认同？

流量从来不是电商成败的主要原因，消费者怎么看待我们才是。

如果你看见某家非新开的餐馆开始发传单揽生意了，那么这家餐馆可能在菜品、服务、环境等方面出了问题，在商圈失去了竞争力。如果不从根儿上解决问题，无论如何发传单，生意都不可能好转。

成交，才是生意的开始！

我们要的或许不是已经购买的顾客重新回来购买，而是要每一个已经购买的顾客发自内心地认同，让这些顾客影响身边的人，源源不断地成为我们的顾客。

我们不能掌握消费者传播的时间点、传播的深度、传播的广度，只要坚持每一个咨询、每一个购买都创造惊人满意度的思路，业绩不增长都难。

绝大多数情况下，价格低往往是无法造就惊人的满意度的。

流量多一定是好事情，有钱推广也一定是好事情。但是有一个前提，就是真正建立了消费者的认同。

消费者的认同用一句话概括就是，在你的店铺和其他店铺做对比的时候，别人的店铺立马显得没有信心。你得有决心、有能力把别人比下去，这个市场就一定是你的。

电商成败的核心就是要在竞争中存活下来，而原因很可能不是低价。

消费者要看到的，就是你的一整套细节和步骤，以及这些细节和步骤形成的逻辑。消费者潜意识里会根据看到的、体会到的，给自己的消费选择做一次总结，形成一个总体体验，这就是消费者的价值观。

线上零售业务中，最美妙、最迷人的购买是“逛”和“静默购买”，贡献了80%交易量的20%消费人群尤其如此，他们潜意识里喜欢爽快、独立，厌恶被打扰，并且信任自己的智力和判断力。

第十一章

Chapter 11

店铺呈现的结构和细节

这个模块的重要性，在前面已经有所铺垫。

通常，人们将这个模块叫作“美工”，或者叫作“视觉”，这样看待应该是把这个模块严重地看小了，所以这里用另一个名词——呈现，目的是将其重要性凸显出来。

在超级互联网公司内部，有一个更专业的名词——UED，它是User Experience Design的缩写，翻译过来就是“用户体验设计师”，可见其多么重要。

卖是表达，买是认同，由眼入心，喜恶瞬定。

目前在互联网上做生意最大的“显性特征”是低价和推广。笔者认同流量最大化，但不认同盲目推广。绝大多数盲目的“战略性亏损”没有太大的价值。低价和推广意识是很多人做电商都具备的思维方向，很多亏损和倒闭也基本根源于此。需要反思的是，如果没有低价，你的消费者价值认同在哪里？

作为卖方，塑造价值的方法很多，如果我们的产品是厚道的，完全可以理直气壮地要利润，卖一个有尊严的价格。

消费者价值认同的来源首先是我们的定位、品质和服务，其次是我们的整体呈现水准。

或许你会认为展现本身很肤浅，但在本质上一点都不肤浅。

讲到这里，笔者来说一说本书还有一个重要任务，就是“毁三观”。如果你在电商道路上遇到困惑、遇到挫折、遇到迷茫，一定是你的思维体系出现了根本性问题，有必要毁掉并且重建“三观”。

回头想想那些比较艰难的电商企业，绝大多数倒在了产品结构和电商呈现这两个环节，这在开放平台上的表现尤为突出。

那么，呈现究竟包含哪些内容？主要包括以下16个方面：

一、品牌形象

你需要适度展示品牌的历史、起源、文化、优势、江湖地位，如果有品牌的故事更好。在一个相对独立的展示环境下，关于品牌的部分是不能有缺失的。展现形式要简明扼要，图文并茂，可以参考UED设计思路。

对品牌模块的色调、文案需要特别留意。

二、产品结构

产品结构关乎品牌的定位，所以恰当地把主营产品的结构完整地展示出来，让消费者对你的业务结构建立清晰完整的认知非常重要。最大的忌讳是定位不明确、主推不清楚，尤其是在开放平台以店铺示人的情况下。

良好的产品结构展示会凸显店铺的定位。

产品结构展现也可能将原本庞杂的产品结构进行良好的梳理，从而达到优化定位的目的。

展示定位的核心在于网店的首页和详情页的前后关联页面。

三、完整性

消费者的每一个浏览瞬间，都在渴望获得完整性的认知。

消费者面对每一个图片、标题、独立页面，或者片段式页面的时候，首要需求就是完整性，其次是整体内容结构的清晰认知。比如主推海报里，产品形象的旁边必须标有价格、核心卖点、累计销量等主要信息。

四、产品详情

产品详情是售卖产品的表达途径，其重要性不言而喻。

（1）产品详情兼顾“理性层面”和“感性层面”的需要，着重引导消费者想象在拥有产品以后对生活场景的提升。人的参与、环境的导入必不可少。

（2）产品的详情页做得长一点，内容丰富一点，尽量把不同顾客的不同诉求都表现出来。

不需要担心消费者会受困于较长的详情描述，因为消费者阅读详情的方式是浏览，详情长一点并不会增加消费者的阅读负担。页面打开速度稍微慢一点也没有太大关系，详情做得简短和没有品质感才是大忌。

我们一定要多去看看各个行业的优秀卖家，不要局限于自己的小圈子，尤其是还没有出现标杆性卖家的行业。

需要留意两个凡是：

凡是大卖家有的共同特征，我们尽量要有。

凡是大卖家没有的共同特征，我们一定不要有。

（3）因为详情页涉及产品表现的许多方面，所以其内在逻辑顺序、结构模块需要预先计划好，不能想到哪儿做到哪儿。详情页承担的任务是解决消费者对产品的认识和信任。

（4）对于退换货环节，不必展示和强调。这就好比表白还没有成功，就提分手的事情，不合适。

（5）涉及整体营销的内容，需要以极简的方式展示出来，并和店铺首页形成对应关系。

（6）建议整体色调保持统一，让页面显得简洁、高端、大气，细节丰富。

（7）关联销售需要考虑主推方向，选款符合定位，数量适可而止，一般推荐 3 ~4 款即可。

前关联侧重主推，暗含品类；后关联侧重品类，暗含主推。

（8）PC 页面内需要前后两次嵌入客服旺旺，方便消费者随时发起咨询。

（9）详情页结尾需要有收藏模块，建议设定为收藏店铺首页，因为首页能够唤醒消费者对于店铺的整体认知，而详情页不会。

（10）窗口图是详情的一个组成部分，也是夺取流量点击的排头兵。

- logo 位置、大小、颜色。
- 底色统一。
- 产品形象。
- 核心卖点。
- 价格。
- 累计销量。
- 还要注意标题词的不断优化、监测。

大家可以尝试拿出几个典型的详情页描述，然后用结构的思维归纳出典型的特征，相信会清晰很多。不同产品有不同的方式，单独拿一个案例出来，参考价值有限。

垂直电商平台或许没有店铺首页，其详情页就显得尤为重要。

别幻想放一个图片写几个参数就能卖货，这是行不通的。

五、店铺首页

通常，产品详情页会得到大多数网店的重视，而首页的重要性未必是所有人的共识，问题恰恰出在这里。

一定要记住：消费者通过详情页了解一款产品，通过浏览首页了解一家店铺。绝大多数的购买行为中，消费者都会去首页。

开放平台基本上是有一个店铺首页的，详情页解决消费者对产品的认同，而首页解决消费者对店铺的认同。只有两个认同都解决了，购买才会成为可能。

➢ 首页主要包括海报区域和产品分类楼层区域，两个都要有。

➢ 首页需要有腔调类的主推单品大文案，以奠定店铺的基调。假如你卖的是户外运动产品，有一句“和 TA 一起去旅行”，比“全店 5 折”有说服力。

➢ 必须有单品销量排行榜。

➢ 色调要贯穿整个首页的边边角角，要朴素、细腻一点，不要用边框，慎用全白底。

➢ 所有产品首图的风格要统一。

➢ 海报的风格、字体、结构等要统一。

➢ 聊天工具在前后端各需要出现一次。

➢ 收藏提示也需要在前后端各出现一次。

➢ 页面末端需要简约地展示一下品牌模块信息。

➢ 最大的忌讳是花样太多、色调太多、文字太多，也不能通过尺寸和气势吓人，却没有实际内容，须严防“形式大于内容”。

需要注意的是，真正意义上的关联销售不是来自详情页，而是店铺首页的完整呈现所带来的消费者自觉扩充选择。

详情页是排头兵，天然承担一个重要任务，就是通过值得信赖的详情页展示来吸引消费者去首页对你进行更进一步的了解。至于消费者愿意购买什么产品，那是消费者的事情。

无论是详情页还是首页，做到最好的目的不是好看，而是唤起消费者的信任。所有页面从消费者阅读的角度都必须具备品质感，展示专业水准，内容表达顺畅，绝不能有顿挫感。店铺首页在建立消费者喜好和信任中发挥的作用，远远超过你的想象。

这里着重以天猫店铺的首页为例，拆解一下具有代表性的首页展示逻辑是什么。一般来说，比较成功的天猫店铺首页具备以下 15 个特征：

（1）增加海报区域罗列的单品。

（2）增加自定义模块的单品呈现数量，并且整齐地逐行展现。

（3）PC 端将旺旺的数量增加到 3 行（是否点亮没有关系），让人感觉你有 20 个客服在待命。

（4）海报区域一定要写上累计销量。

（5）首页第一张海报图要高端、大气、上档次。

（6）首页的文字字体，尤其是价格标签务必紧凑、清晰、醒目。

（7）自定义区域与海报区域需要有品牌调性内容做衔接。

（8）首页结尾绝对不能草率，必须有品牌调性内容收尾。

（9）首页需要选定一个主色调，并且贯穿整个首页，以奠定基础品牌的基调。

（10）海报与海报风格统一、首图与首图风格统一、分割海报与分割海报风格统一。

（11）首页的整体高度和气场尽可能地向同行 TOP 级别店铺看齐，不可以太矮、太短。

（12）注意页面设计不可以因用力过猛导致山寨感，需要潜心拿捏隐忍和恰到好处的标尺。

（13）在推广预算范围内，多采用钻展进行推广展示，弱化直通车的作用。

（14）详情页需要加长，长表示你认真、细心、有姿态。不要在乎买家打开时间慢 0.1 秒，大店的详情页几乎都是很长的。

（15）放弃展示渠道商身份的特征，重点展示品牌特征。

这15件事情，请店长、运营、美工一起琢磨一下，希望对大家有帮助。

首页的弹性空间虽然很大，但是其基础逻辑是相对坚固的。

首页的战斗力远远超出许多店铺运营的想象。

如果你真的会看，如果你真的知道商业形象和商业姿态对业务有决定性的影响，你会发现一个秘密：两个网店比一比首页，就已经分出高下了。他们的业绩对比基本也能够和这个结果相呼应。绝大多数条件下，网店比的就是脸，基本上首页就能分出高低，本质上比的是逻辑，比的是消费者信心，因为首页就会把你完全出卖。这个问题看起来似乎无比务虚和肤浅，等你真的明白了，你会觉得这件事非常深刻。可怕的是，这没法用尺子去衡量。

开放零售商业一定有极为细腻的、不可言说的、感性的决定性因素存在，这些因素经常和品牌名称、品牌主色调、品牌文案、代言人形象、海报图、包装、产品外观、气质、态度、装修、选址、店招、字体、logo、商业姿态等密切相关，其功其过无法衡量，也说不清楚，只能去悟。

六、消费者评价

这看起来未必是我们能够左右的，却是消费者会去阅读的一个页面。如何获得消费者的好评呢？前提是做一个好人。

其实，消费者的评价并不具有非常明确的指向性，给消费者带来好感的可能是页面，也可能是一句文案，或者是服务环节的一个小惊喜。

依托好评返现获得好评不是一条正确的、长久的道路。

很多时候，姿态越低、优惠越大、赠品越多，反而会让消费者感觉你不够自信。如果消费者感受到你不自信，将对购买和评价产生负面影响。

七、简单直接和确定性

店铺的任何描述，都必须简单直接，不能让消费者感觉要把重要信息

（尤其是优惠方案）把握全面需要花费很长时间，甚至为了获得某项优惠需要在未来进行指定的某一项操作。在消费者看来，那都是让人恼火的做法。

别大活动套小活动，小活动套小小活动，活动里有赠品，赠品后有返现。消费者太累，这么玩没有多大价值。

别动不动送人家20元优惠券，或许人家会觉得直接减免20元更有确定性，也更节约时间。

赠品也别分A或B，随机发送，消费者一纠结，你也增加苦恼。

八、营销呈现

营销的根本目的不是让消费者看到，而是让消费者产生好感。营销不单单是推广拉流量，也可以是做消费者回访、短信、赠品、视频发布、微博发布、微信发布等。

网购是消费者通过阅读从而产生兴趣和购买的过程，每一个细节都是整体营销的一个组成部分。每一张图片、每一个营销呈现，都需要考虑。

电商营销是通过满足消费者的眼睛，从而满足消费者的心灵的过程。

消费者购买一双2000元的皮鞋，并不是因为消费者考察了皮鞋的成本和合理利润结构，而仅仅是这双皮鞋看起来值这个价钱。

九、文案调性

文案设计分为营销文案和描述文案。

1. 营销文案

高端、大气、上档次，这些可以有，呆萌要帅扮漂亮也要会玩，关键是要知道目标人群喜欢什么，要和产品定位相符，也要接地气，深入人心。

吃的："唯有'美食'不可以辜负。"

户外："心和灵魂，总有一个在旅行。"

跑鞋："因为跑，所以不死！"

油烟机燃气灶：“‘煮夫’最性感。”

免烫耐磨牛仔裤：“彪悍的人生，何惧‘折磨’？”

咖啡机：“一杯咖啡，一杯时光。”

避孕套：“放心去爱。”

这些比你吼破嗓子喊质量好、打折更加吸引人，也有用得多。做这些东西，要语不惊人死不休，但别夸张过度，更不能去山寨别人的广告语，尤其是知名的广告语。

2. 描述文案

描述文案要解决 3 个问题：

➢ 这是什么？

➢ 有什么特点？

➢ 能给我带来什么价值？

以直筒牛仔裤为例，比较普通的三句话可能会是：直筒牛仔裤 + 高品质，低折扣，销量大 + 修身、提臀。

而更好的三句话可能会是：直筒，铅笔弹力牛仔裤 + 免烫；弹力；不褪色 + 修身、提臀、永恒青春系列的首选。

面对同一系列不同产品的时候，要想不同的文案，比如款型质地差不多的牛仔裤，能够组合出完全不同的文案。

活力青春弹力牛仔裤 + 质地柔软；做工细腻；不易变形 + 完美腰线；轻松舒适系列首选。

相对于行业的生产、采购和销售，终端的消费行为是相对肤浅的。

人们很辛苦地赚钱，绝不愿意辛苦地花钱。

花钱是很随意任性的行为，没有多少人会从财务核算的角度去消费。

海底捞的服务很好，口碑也很好，但从吃饭成本的角度核算，海底捞的生意是绝无可能需要排队的。我们的呈现营造了什么样的消费氛围，就显得格外重要。

任何用于销售和营销环节的文字展现都需要仔细推敲文字的编排和设计。

十、色彩运用

色调一定要细腻、简洁、纯粹、贯穿。

十一、统一性

营销呈现必须和落地销售的详情页、首页模块相对应，消费者在各个环节如果没有获得统一性的信息传递，将会是一个巨大的损失。

平常的详情页主推和首页主推也需要保持对应。

官方微博的一个主推分享也要在成交落地页面有对应。

十二、包装

包装是产品的一部分，包括产品自身的包装和快递物流包装。

如果你没有买过三只松鼠的东西，建议买来对比一下。

绝大多数服装，在外包装拆开以后，里面就是一个透明的塑料袋。如果拆开是一个纸盒，里面是防水牛皮纸袋包装，掏出衣服的时候，心情会是怎样的呢?

消费者真正得到满足的时刻，就是拆开包裹的那一刻。

十三、信息传递

信息传递也是整体呈现的一部分，传递了什么信息，以何种方式传递，以什么载体传递，以什么节奏发布，都需要考虑其合理性和易阅读性。信息传递主要包括发货提醒、短信关怀、信函、售后提示、上新预告、营销发布、预售、特殊情况、旺旺签名等内容。

十四、时间节奏

整体业务规划和营销规划不仅仅是展现和传递，其时间节奏也不容忽视。

十五、逻辑合理

线上业务和线下业务有一个非常大的区别就是线下业务可能不需要具备很完整的逻辑性，因为线下业务是卖方主导型的。

我们费尽心思地整合自己的产品结构和定位，目的就是以定位作为基础来展现完整的业务姿态，从而让掌握消费主导权的买家在对比多家同行以后，仍旧对我们产生最大的信任，从而引导静默成交或者发起咨询。我们的目标就是要尽力增加“静默购买”的可能性，并且将“静默离开”的可能性降到最低。

我们见过很多成功的电商企业，其电商业务结构和呈现都堪称获取客户信任的典范。这个信任就是对业务结构的认可，是对业务细节的认可，也是对服务细节的认可，甚至是对团队能力及其所展现的专业度的认可。

十六、价值观：个性、文化和“崇拜”

固有的线下品牌，在这方面有巨大的优势，而渠道的能力和渠道的梯队结构将会起到决定性作用。

小品牌或者纯电商品牌，想要获取更大的业绩成长，必将伴随品牌拉力的共同成长。

品牌成长的含义就是消费者的认同度成长，包括品牌的定位、个性。在消费者购买产品以后建立的满意度和口碑，将会让跟进的消费者促进业务的进一步快速发展。一个品牌的巨大成功，无不伴随着消费者的偏好和隐约的欣赏，或者叫“崇拜”。

讲了这么久的呈现，那么呈现的价值是什么呢?

呈现的水准对于销售业绩的影响力是决定性的。如果没有良好的呈现作为通路，即便产品结构非常健康，业绩也无法达到预期。这件事情未必有多难，但是要认识到有多重要，愿意花精力和资源从根本上提升呈现水准不是一件容易的事情。

提升呈现的目的，不是好看。

提升呈现的目的，是通过完美的细节、顺畅的逻辑、专业能力的展现，获取消费者的信任。

先满足消费者的眼睛，才能满足消费者的心灵。

最后才能促发直接购买或者询问。

这是一个商业艺术化、艺术商业化的年代。目前在线上称王称霸的品牌，无疑都展现了艺术家的特质。通俗地讲，就是掏走了你潜藏的文艺的心。

很多人会说："我是普通青年，我不要做文艺青年！"

真的吗？

饭食，为何除了味和香，还要色？

穿衣，为何还要讲求搭配？

有房，为何还要装修设计？

出门，为何着红妆？

那些不能吃、不能穿的美妙歌曲，缘何令人向往？

为何故事片的主题曲，尤为令人难忘？

天下多湖，何必西湖美名？

骨子里，原来人人都是文艺青年！

这是人的天性！你，也不例外！

某女装品牌每年的拍摄费用大概要400万元，透露出来的信息是这个品牌对于呈现有极为严苛的追求。事实上，他们家是一等一的大卖家。当然也别被这个投入吓到，我们还有很多可以用到的资源没有用起来。这句话背后表达的东西非常多。

五官入眼，气质入心；五官是细节，气质是整体；五官让人多看，气质让人着迷。制造是品质，品牌是气质。要看到所能见的，更要看到所不能见的。

在执行页面设计的时候，尤其要注重页面深度的塑造：

➢ 长，则有利于展示产品数量的深度。

➢ 长，则意味着网页空间布局上的层次感得以实现，做到表达从容。

➢ 长，则意味着提升进店消费者的访问深度，增进消费者对店铺的了解，帮助消费者获得完整的信息。

➢ 长，则意味着增加进店消费者的停留时间，同时也剥夺了竞争对手的留客时间。

➢ 长，则意味着进店消费者的注意力沦陷。

➢ 长，则意味着提升网店商业姿态上的气势和高度。

➢ 长，则有利于结构布局和细节打造，更好地实现对进店流量的承载、说服和引导。

➢ 长，则有利于对进店流量实现有效的二次分配。

➢ 有一个严重的误区：网店认为进店消费者可以通过点击“全部宝贝”了解网店，却忘记了消费者进入“全部宝贝”二级页面之后，实际上是进入了一个未经整理的仓库，是没有模块、没有秩序甚至是没有分类的仓库。

➢ 为了给消费者节约时间，提供便利，能够在一级页面解决的问题，绝不转嫁给二级页面。

➢ 美工做图需要很多素材，很多素材常常又是需要成本的，如果多次满足不了，久而久之，美工就不免懒政了。美工心里有苦，老板知道吗？

➢ 要是再搭上一个只认“流量第一”的运营，网店的页面逻辑想要改观，可能比登天还难。

综上所述，笔者的建议是，网店首页要适度做长一些。

若别人告诉你应该把页面（首页、详情页）做短，不要听。

页面到底要做多长呢？可参考自身的行业特点、产品分类，以及本行业的 TOP 店铺的通用做法，经常做一些深切的观照、对比和思考，你会明白其中的底层逻辑是什么。

第十二章

Chapter 12

电商美工设计师

于日益严峻的结构性竞争环境之中，于消费者日渐成长的对比眼光之中，电商美工设计师都是一等一重要的存在。

早在2010年的冬天，笔者在淘宝杂志上第一次看到了小虫的店铺，随后特别关注，在那样一个草莽电商年代，小虫的经营水准、成交规模、客单价、顾客访问深度、顾客买家等级、熟客率、流量行为路径等方面的数据表现都十分优秀，大大丰富了笔者对电商零售中买卖双方的认知。

笔者经常建议卖家朋友养成一个习惯——不断地“格”店。

每遇到一家好店铺，都要去“格”出个所以然来，训练时间一长，分析结果虽未必能做到丝丝入扣，但大体上吻合还是不难的。

“格”店有种种，有一种特别重要的“格”，便是“格”页面。

若单纯地讲，电商美工设计师所做的工作是“页面设计”，似乎又把他们的重要性描述得太简单了，后来笔者就改换了一个名词，叫“店铺呈现”。

因为卖是表达，买是认同。

一、美工的物性

打开一个店铺的时候，如果要检验一家店铺的结构和细节做得如何，有很多的检验方法。若从简略的物性层面，可以看如下17个细节模块：

- 窗口图。
- 详情页前关联。
- 详情页首屏。
- 详情页促销。
- 详情页内容。
- 详情页结尾包装图。
- 详情页品牌结尾。
- 详情页后关联。
- 详情页长度。
- 首页首屏。
- 首页促销。
- 首页主推。

- 首页分类楼层。
- 首页品牌结尾。
- 首页长度。
- 文案设计。
- PC 端制作。

以上 17 个细碎的点，看似简单，却是很好的检验标尺。

一则超级大店铺的运营执行中一般不会遗漏这些点，也不会在这些点上表现得太弱。这些点中的绝大多数也是没有变动的、弹性的，遗漏则意味着出了问题。

二则这些操作点的顺位执行本身，是严格塑造店铺结构和细节的底层逻辑要求。

二、美工的神性

美工的执行以物性层面为出发点，以神性层面为目标。这个神性的层面，指的是消费者的神性本能。

缘何人有神性？如前文所述，且看：

流古水阳马老昏小风人桥家道枯鸦藤下西人树瘦在天肠桥西断夕涯

这些文字这样看没什么含义，这是乱糟糟的物性，被精致地整理后的物性是这样的：

枯藤老树昏鸦
小桥流水人家
古道西风瘦马
夕阳西下
断肠人在天涯

神性出来了！瞬间让人意会了！

缘何人会有这样可爱的神性呢？笔者也很想知道啊！

重点是我们得承认人是有神性的，然后要努力照顾好消费者的神性需求。

我们平常说某女生气质好，到底说的是什么？其实是说她显现出来的美具有某种超脱你的语言概括能力的神性，就是“云想衣裳花想容”。

人有气质，那么店铺有没有气质呢？

店铺有没有神性呢？

有没有可能店铺的气质不对？有没有可能店铺的神性不足呢？

神性的差别，是一种无法近身的差别，无法近身的时候，店铺之间的竞争关系就自动解除了。这就是有些店铺使尽浑身解数想伤害某些店铺却伤害不到的原因，这也是很多店铺无法摆脱被伤害的原因。

美工塑造了店铺，便是美工赋予了店铺气质，赋予了店铺神性。

做好展现的目的不是好看，而是给消费者传递好感，传递信心！

消费者喜欢某一个品牌的时候，未必说得明白为何喜欢这个品牌，品牌是一种圆融的心理默契。

美工的神性还不止于此。

美工很像一家企业里的财务，虽然财务日常不执行具体的运营业务，但每一笔账目的进出都对应了企业里的运营结构、运营逻辑和执行细节，具有非常饱满的完整性，财务是坐在办公室里能了解全局的人。这便是很多大企业的老板拥有财务背景的原因。

第一流的电商美工设计师和运营团队是紧密的整体。

电商美工设计师针对店铺整体结构和细节的每一次改造，都会在后台产生显性的数据反馈，其主要表现形式有访问深度、停留时间、静默转化率，并能够延伸表现在咨询转化率和流量层面。只是某些细化数据变动无法进行拆分式的归属，但你必须体察到所有变化的源头到底是什么。

真正成熟的电商美工设计师，其眼界绝不仅仅是在执行做图的任务，而是清晰完整地装着一整盘的生意。

美工是所有运营思想的执行落脚点。所以，第一流的电商美工设计师，一转身就能化身为第一流的电商运营。

三、美工的作业

一般店铺在进行页面改造的时候，除了思考物性层面的17条，还可以依循以下11个步骤：

➢ 窗口图统一风格，综合考虑logo、卖点、价格、累计销量、留白等元素。

➢ 加大产品深度，或者加大展现的深度，做出大店铺的气势。

➢ 无线首页第一屏必须是长屏大图。

➢ 促销模块必须简洁。

➢ 分类导航模块必须简洁。

➢ 无线、PC的首页改版：首页收尾采用品牌logo模块。

➢ 无线、PC的详情页前后关联统一性，前关联侧重主推单品顺带展示品类，后关联侧重展示品类顺带展示主推。

➢ 无线、PC首页的分割海报、细分切块，形成深度楼层结构。

➢ 尽可能地将无线、PC的首页海报区域、楼层分类区域做出深度，又兼顾页面细节的完整、端庄和平衡。

➢ 详情页逐步改造：

第一步：对热销款前3名的单品详情页进行修改和加长；

第二步：对关联销售涉及的单品详情页进行修改和加长；

第三步：对剩余单品的详情页进行修改和加长。

➢ 每一个详情页的结尾都以细致、洁净、明亮的打包图片模块结尾。

说到此处，必须提醒美工和运营认识到店铺的底层基础是物性。当物性做得圆融到位、高出行业一大截的时候，神性就会堆叠着生发出来。

如果直接从神性角度下手，一味地追求所谓的审美艺术，只能算是糊涂的美工和运营了。

四、美工的赞歌

有好的产品，有好的产品专注度，有好的产品深度，有好的主推方向，靠什么传递给消费者呢？

靠美工！

离开了美工，顾客什么也感受不到。

美工到底有多重要？美工对店铺到底意味着什么呢？

➢ 美工是对所有运营元素的全方位梳理，其运营效能不仅在企业内部是显性的，更重要的是在顾客端是毫发毕现地显性呈现的。

➢ 美工是对所有零售元素的整理，使店铺成为连接顾客的最基础的通路。

➢ 美工是零售品牌所有表达的总和。

➢ 美工是店铺逻辑的实践者。

➢ 美工是店铺完整性的塑造者。

➢ 美工是消费者所有行为路径的总和。

➢ 美工是客服咨询成交的前哨，是创造“点球”的功臣。

➢ 美工是达成“静默成交”的绝对主力“前锋”组合。

➢ 美工的工作是对所有流量的引导、承载、说服、挽留和不断重新分配。

➢ 美工是提升“访问深度”的根本。

➢ 美工是提升“转化率”的根本。

➢ 美工是“访问深度”的缔造者；“访问深度”是消费者的“民意”，是“转化率”，是店铺的“战斗力”。

➢ 美工是运营思想的完全实践者。

➢ 美工是运营艺术的最高表现形式之一。

无论如何强调页面的逻辑、细节和气质都不过分，无论如何强调美工的价值都不过分。

呈现不过关，店铺就是零。

因为由眼入心，喜恶瞬定。

此文金贵，请务必让运营和美工读到。一遍没有读懂，那就多读几遍。

五、店铺的“文”与“质”

码字的时候，笔者渐渐养成了一个习惯，就是留意要把“电商”写作“电商零售”。

为什么要这样写呢？

因为笔者要给一部分读者抹掉“电商”这两个字的神秘色彩。

电商不是“零售”，还能是什么？

笔者也一直在搜罗富有表现力的词汇，来丰富解构电商零售的语言体系，把“电商”这个闹哄哄的词汇往根儿上聊，就觉醒了一个词汇：文质彬彬。

1. 文、质两分法

“文质彬彬”四个字，惯常的意思是形容一个人气质温文尔雅，行为举止端正，文明有礼貌。

《论语·雍也》：

质胜文则野
文胜质则史
文质彬彬
然后君子

原意是如果文采和实质相配合，才能做君子。后用以形容人举止文雅有礼貌。彬彬：配合谐调。

再解：质朴胜过了文饰就会粗野，文饰胜过了质朴就会虚浮，质朴和文饰恰当相合，然后才可以成为君子。

质，可以理解为是“本真的质地”；

文，可以理解为是“表现出来的样子”。

一部电影，主题很好，电影手法很差，便算不得是好电影；

同样，电影的主题不好，表现手法很华丽，那也没什么大意思。

第一流的电影，都是文质彬彬的。

移换到电商零售上来看，如何理解呢?

小到一款产品，例如休闲运动鞋，斯凯奇的熊猫系列设计得非常成功，“质”是不错的，“文”也是不错的，很多人都喜欢穿这款鞋。斯凯奇要是下架这个系列，损失是不可估量的。

大到一个网店，供应链体系就是“质”，消费者看到的店铺整体表达就是“文”。

(1) 供应链：包含产品、产品结构、价格结构、库存管理、品质管理、物流管理、服务管理等实打实的东西。

“质”落后于人，何来竞争优势?何来流量优势?何来稳健性?何来长久性?

(2) 店铺：是消费者眼光所及的所有结构、细节、表达水准。

“文”落后于人，如何要消费者理解你都是不合理的，消费者没有穿透外表看内心的能力，也没有这个意愿，更没有这个义务。

做电商，千万不可以轻视对店铺的打造，顾客能接触到的唯一重要的路径就是店铺。店铺不行，运营团队就算个个能打也是没用的。

顾客做购买决定的时候，以线上的店铺为决策依据，这是“文”；顾客收到货之后，体验才算完整真切，这就是“质”。

2. 文、质四分法

基于“文”的强、弱，“质”的强、弱，则会有四种店铺，分列如下：

(1)“文”强+“质”弱。

供应链底子不足，拖了店铺的后腿。店铺再怎么酷炫，也无济于事。

盘子做到3000万元的卖家，可能还会觉得满意，忘掉了自己是把5000万元的盘子做成了3000万元。

一旦碰上文、质俱佳的竞争对手，是没有一点胜算的，最后都要落入低价格和流量造作的窠臼。

(2)“文”弱+“质”强。

这种类型的店铺，供应链其实不错，但是店铺的结构性表达和诸多细节很差，拖了供应链的后腿。

许多工厂型电商企业都会面临这个问题，有些可能还很严峻，但这一关是必须跨过去的。

很多时候，工厂做出好产品，是基于品牌商的研发和设计，真正强悍的品牌商不可能处于市场拣货贴牌的段位，都是有体系化的开发能力的，只是生产环节交由工厂代劳，其对于材料、工艺和品质控制的技术储备可能比工厂还要有经验，还要更严格。

工厂的生产能力其实也不能脱离产品的“文”，否则会严重影响工厂整体供应链的“质”。

（3）“文”强 + “质”强。

第一流的电商企业都是这样的。

可怕又可敬的是，这一类企业往往更谦虚、更谨慎、更追求精进，一点都不含糊，一点都不客气。

横跨半个世纪不倒的品牌，也是这个样子的。

（4）“文”弱 + “质”弱。

电商店铺，免不得被消费者拉到其他店铺面前，上上下下里里外外都做一下对比，也别觉着消费者会累着，消费者早就进化了，拿直觉做筛选，效率奇高，还不容易买错。

80% 的店铺都是这样的，关起门来看似乎还不错，一遇到强势店铺，就只剩下搞流量的功夫了。

超一流的店铺，运营风格都很呆板，寨子硬，打仗就呆，通盘无妙手，打架全凭手长腿长块头大，一般对手店铺是近不了身的。

如果运营团队每天都是急急忙忙的，方案迭出，一定不是什么好事情。

中小卖家无论如何说资源不够，还是要憋住一口真气，进一寸有一寸的欢喜，这是唯一正确的心法，也是唯一正确的实践路径。

很多结构和细节的提升可能根本就不涉及资源，全在认识上的觉悟。

查找店铺的机会点，统归都是“质”与“文”的问题，最后还要落脚到资源能力和团队能力，若坚定地把电商运营的困境归结为“流量少”三个字，离电商的门道还远着呢。

如今的电商竞争，早就跨过了比木板长度的阶段，现在是比木桶深度和容量的阶段。

如今处于电商竞争的阶段，只有阳谋，没有阴谋，是打明牌了。

哪些事情是迫切的、必须做的，哪些事情是流行却无用的，都要明明白白。

第十三章

Chapter 13

组织保障

人是万物的尺度，团队建设是所有零售品牌最核心的工作内容之一。

消费者对于品牌的所有感知和判断，都来自零售品牌团队的所作所为，他们的零售思想高度和执行水准直接决定了品牌在市场中的最终表现。

团队建设是最艰难的事情。

一、业务架构和组织架构

业务架构是零售品牌方的经营逻辑，这个不能乱；

组织架构是业务逻辑的具体分工，组织架构也是业务架构的具体投射，二者必须匹配。

进行业务架构和组织架构搭建的时候，需要考虑以下几点：

➢ 产品和产品结构。

➢ 团队能力、结构及其传承性。

➢ 品牌营销的气质和可持续性。

➢ 渠道售卖场景和细节标准。

➢ 运营执行标准的保持和提升。

➢ 自上而下的职业荣誉感。

组织架构调整的意义是效率保障和文化保持。

道路对，而人不对，换人；

人对，道路不对，换道路。

1. 关于供应链

对普通人来说，“供应链”三个字似乎没有太多的含义，而这三个字在大品牌和大渠道商的眼里意义非凡。

供应链不仅仅包括技术、设计、产品、资金等，还包括运营规则、人才梯队、品牌与公众的和谐关系等。

供应链是产出一切运营结果的基础条件。

如果不深度思考供应链，只是从操作技巧方面下功夫，多是事倍功半。

上等品牌筛选渠道，次等品牌被渠道筛选。控制力不一样，商业姿态便不一样，运营结果就不一样。

大品牌之所以成为大品牌，并非老板和团队努力一个因素，还因为他们更客观、更理性、更洞悉市场结构、更理解无处不生发的人性、更重视美和艺术的价值、更有思想。

仅是做到“客观”这一个点，已实属不易。

2. 组织架构的风险

组织架构的风险分为团队稳定性风险和团队执行力风险。

（1）团队稳定性风险。

很多员工并不能够真正持续地热爱工作岗位，大多数的岗位执行者常常在大约两年的时间内出现厌烦情绪，这就是所谓的“干一行，恨一行”。如果没有加薪、升职、激励或者调岗的刺激，优秀员工的离职概率会大大增加，这会极大地增加企业的实际运营成本。

针对这种情况，自上而下的管控往往难以奏效。有必要从企业经营的战略角度敞开沟通的渠道，形成开放愉悦的企业文化氛围。

沟通不表示一味地接受岗位从业者的要求，而是确保沟通渠道的畅通，安抚情绪，共同分析员工所面临的困惑，使岗位从业者的回报和企业运营成本之间的平衡在可接受的范围内。对于一家有竞争力的企业来说，这个平衡要尽可能地处于有说服力的水平。

在早期的就业环境和从业者行为习惯条件下，就业者大多处于“有一份工作就好”的心理状态，现在这种情况已经发生了巨大的转变。能够让工作者感到愉悦和有自豪感的企业才能留住更加有价值的员工。

员工离职的两个原因大概就是“钱没有给到位”和“受委屈了”，这一说法是相当有概括性的。除了钱的因素，受委屈最直接的来源是员工的直接主管。

作为管理者，有必要评估自身做人做事的风格对于团队产生的影响。

很多时候，在征询员工同意或者接受员工申请的情况下，合理的调岗是提高团队稳定性的重要途径。

还有一点必须重点提示一下，有目的性的调岗轮训也是培养人才和储备人才的重要途径，增强组织结构内的岗位可替代性，会极大地降低关键岗位人员流失对业务执行的风险。

人才和业务的匹配是一个动态的过程，管理者所做的工作和思考有很大一部分是促进人才和业务的匹配，这是一项不会休止的工作。

（2）团队执行力风险。

组织架构的第二个风险便是团队执行风险。

如果你的组织执行水准有所下降，一方面，可能是外部竞争冲击带来了负面情绪；另一方面，可能是内部执行人员对岗位出现了厌烦情绪，以至于不能保持既定的业务流程的执行水准。

解决这个问题的办法包括安排更加合适的人负责所需岗位，并且充分在意执行者的真实情绪反馈。

一般来说，新的责任能够焕发执行者的浓厚兴趣和执行力，并且在这一过程中还可能产生新的惊喜，这就是优秀的企业经常进行组织架构调整的原因。

零售团队的执行水准来源于对品牌远景的清晰认知，在特定的时期内，品牌的远景和年度执行重点都要形成文字，并且确保团队中每个人对远景和年度执行重点进行准确的描述，让团队的执行细节要求有充分的品牌思想依据，执行细节会从内到外决定一个品牌的商业姿态和品牌气质。

组织架构调整最好是开始于团队执行风险出现以前，这样可以持续保持团队的高昂斗志。当然，组织架构调整也要充分考虑岗位执行者的能力匹配和意愿匹配。

二、招聘

招聘大于培训。

招聘是口，需要饮食均衡，管住嘴。

当我们工作 10 年以后，去面试一个 20 岁的应届毕业生，大致能看得出来这个年轻人在接下来的工作中会有什么样的表现。这让我们回想起 10 年前被面试的时候，在面试官的眼里，又何尝不是洞若观火？

做企业的难处就在于，我们能否站在一个更高的高度看到整个市场的结构，以及这个市场的变化趋势是什么。

招聘应该是十分理性的决策过程，却往往被感性左右了。

在专才面前应该宽容的时候，往往看见了人的小短处，埋没了人的大长处；在全才面前应该严苛的时候，往往又看见了人的长处，忘记了短处的严重性。

知之者不如好之者，好之者不如乐之者。一个人对一个岗位表现出来的热情是十分可贵的。

执行者是应用型人才：执行业务＋带领团队执行业务。

管理者是思考型人才：思考业务＋驱动团队思考业务。

不要刁难面试者，要去挖掘他们的闪光点，不要因为他们的语言笨拙而忽视他们的内在价值，对于八面玲珑而能力和态度一般的人，务必要保持警惕。

所有人员都需要随时随地帮助企业找人，如果对品牌足够自信，遇见合适的人就去询问、挖掘。

招聘是团队建设的第一步，要学会观人的气象，因为招聘大于管理。

对于许多重要而具体的工作，比如产品设计、品牌文化等，需要培养、锻炼核心负责人员的技术和能力，也要承认天赋的重要性。后天的训练能够提升一个人的工作表现，而天赋是天花板。一个人的天赋包括能的地方，也包括不能的地方。一般来说，对一项事物发自内心的深度热爱是关于天赋最重要的证明，天赋的本质是激情，还有决心和勇气。

天赋是激发热情和坚持的最原始动力，努力过后才知道天赋是多么重要，这可能不是一句笑话。有一件事情是确定的，那就是一个人的热情和坚持，会大大弥补天赋的不足。

三、培训

俗话说：“百年大计，教育为本。”教育不仅仅是在学校的学习，还应该包括学校外面的学习培训、自我学习、阅读、实践等，教育和学习应该是贯穿一个人一辈子的事情。

一位好的团队主管，应该是很好的教练，教练是传道、授业、解惑的导师，也是工作方向的引导者，还应该是提供帮助的服务者。

一个好的组织，会不断学习，不断适应变化，不会简单模仿。

培训不仅要谋求团队智力的提升，还要追求团队智慧的提升。

智力和智慧是两件事情。

智力就像一支做试卷的笔，它要很快速地回答所有问题，要命的是，不管对错它都要往前冲；而智慧就像是出题的专家，沉着、冷静、洞若观火又一声不吭，它虽然习惯性地抛出问题，却早已有了答案。

智力只见树木，智慧看见森林；智力只见当下，智慧看见未来；智力浮躁，智慧冷静；智力喜欢做的事情是挑战甚至羞辱别人的智力，智慧专注挖掘和培养有潜力者的智慧。

智力任性乖张、浮于表面、蠢蠢欲动；智慧宠辱不惊、喜怒不形于色、平静如水。

智力只看对错，智慧取舍利弊。

智力注重过程往往忘记了结果，智慧以结果为导向。

智力有脾气本事小，智慧本事大没有脾气。

小智治事，大智治制。

世间的万事万物都是合理的，世界的各个角落似乎都没有改变的必要，这种想法是歪曲事实和规律的，因为每一个个体的思考和努力都是构成现实世界的有效组成部分。也就是说，企业中处于支配地位的管理者也会犯下十分严重的错误，他们仍旧需要不断地学习、适应市场和做出改变。

四、管理

职场上有许多的工作和加班其实就是无所事事甚至是发呆，许多加班行为不过是被环境逼出来的一种办公室姿态而已，造成这种工作氛围的具体原因是没有制定具体的工作目标。

团队的工作内容和工作效率来源于具体的工作目标，每一个具体的工作目标都需要许多细微的工作去达成。当目标具体、行动计划详细的时候，团队的工作效率才能显现出来并落到实处。

团队需要有大智慧的领导人去引导和培养有小智慧的主管，然后驱动团队成员进行卓有成效的工作。

领导者和主管需要做的事情是审视业务的具体逻辑，体验业务的具体细节，不断地对团队输入信心，进行教练指导和跟进。许多人都是无法被改变的，但可以被约束和引导。

真正好的管理者和自己的直属团队成员之间的沟通和反馈是非常紧密的，高高在上的主管形象不过是电视剧里的桥段罢了。

对于确定性的行动计划，要有“没有明天”的团队速度。出击要快、避让要快、防守也要快，天下武功，唯快不破。

人和人是有差别的，不同的人有不同的长处。生活是无常的，管理是有序的，管理的目标是发挥人的长处，而不是惩罚人的短处。

一个零事故的大巴车司机，不一定能够培养出一个零事故的大巴车司机。零事故的大巴车司机是宝贵的。

要鼓励绝对的执行，也要鼓励有效的争论，没有争论的执行容易犯下大错误。

优秀的管理者会不断地对团队成员提出更高的要求，又不断地帮助团队成员培植信心。

人的成长大概有三种境界：

第一层境界：能。

从无能到有能，从有能到大能。走得远，见得多，智勇兼备，潇洒自如，好不快活。

第二层境界：善。

见过自己，又见天地，淡泊重启，又现纯良。大能之上，推己及人。

第三层境界：佛。

远观高下，近探深浅，众生万象，皆释因果，冷面菩萨，慈悲心肠。首善为己，悲喜无常。

能是好员工，善是经理人，佛是伟大的企业家。

上才难求，其重在德；中才难驭，其重在赏；下才难慰，其重在公。

对下才表扬其执行，对中才表扬其责任，对上才表扬其思想。

五、解雇

给予离职人员回头的机会，留 1 个月回头期，将分手转化成一个可以消弭的误会，再次入职的员工通常具有较高的忠诚度。

高管的离职是决绝的，中基层是土壤，可以生长出管理者。

六、激励

品牌的团队需要有梦想，就是去做会发出耀眼光芒的事业。

对于能力优秀、价值观契合的员工要给足物质回报和精神激励。

零售品牌的确立过程是一个逐渐建设和不断维护的过程，考核品牌团队就可以从“建设品牌”和“维护品牌”方面来进行。这两个方面可以延展出企业远景、个人成长、团队合作、客户利益、品牌纪律、品牌价值观等一系列明确的考核细节，考核细节的贯彻执行就会形成品牌团队的行为个性、内部约束、团队氛围和共同价值观，最终形成的内部舆情氛围就是企业文化。

企业文化的本质是纪律，强调企业内部反对什么、鼓励什么。企业文化是在日常约束、考核和鼓励中形成的，企业文化的形成又反过来发挥鼓励和约束的作用，最终达到建设品牌和维护品牌的目的。企业文化的核心是组织的精神风貌（对外的精神风貌、对内的精神风貌）。

企业文化并不是直接建设出来的，一栋建筑的骨架不够扎实，想要通过装修设计来确立建筑的稳健气度是做不到的事情。

生产资料（资金、厂房、设备、办公室等）是静态的，人员构成则是动态的。组织结构的建立和调整是围绕目标做的智力和资源的调配。

一个原本处于领先地位的品牌没落了，和时代无关，和消费者无关，和竞争对手无关，和自己的故步自封有关，和自己的官僚低效有关，和自己的愚昧落后有关，所有的问题，归根结底是人的问题。

品牌运营成熟度：企业愿景、战略决策、竞争应对中的变与不变、执行标准保障、品质稳定性。

市场成熟度：市场供应状况、市场便利度、信息开放度、消费者信息接收途径、消费者视野、市场购买力。

“品牌运营成熟度”强于“市场成熟度”，则生意好做；

“品牌运营成熟度”与“市场成熟度”相当，则生意难做；

“品牌运营成熟度”弱于“市场成熟度”，则生意做不下去。

品牌运营成熟度和品牌创立的时间长短无必然关系。

所有的问题，归根结底都是人的问题。人是严谨和谦卑的，企业的文化就是严谨和谦卑的，唯独严谨能开万年的船，唯独谦卑能滋养自信。组织发展当如一刻不停歇的修行，每每照见了自己的卑鄙，就感到自己会闪光，隐隐地自豪三秒钟。每一分营收都是消费者给的，这一点是毋庸置疑的。

一个品牌的衰败往往被人归咎为一个深刻的原因，现实可能没有那么深刻，只不过是日积月累的低级错误积攒起来的一个深刻的麻木而已。

七、营造有职业尊严的工作氛围

什么是好的运营团队?

好的运营团队必须满足两个条件：一是诚敬之心；二是中正之能。

初次在温州瑞安一家影院的门口看到了《天才枪手》的海报，当时没有在意，只觉得不过是一部泰国电影，不会有看头。因为看过《那些年，我们一起追的女孩》，是一部蛮不错的青葱撩人的电影，就去看了《天才枪手》，结果是一个大大的惊喜，还好没有错过。

《天才枪手》是一部被严重低估的电影作品，不仅有很丰富、很娴熟、很饱满的影像技术水准，更有很细密的写实能量，文学水准也不错，结构能力和细节表现都大大超出了一般意义上的院线电影。人物是活的，背景和个性是饱满的，剪辑流畅，详略得当，实属难得。

能把这种小人物、小故事拍出令人沉浸的醇厚度，不仅要有艰辛的劳动，还需要有可贵的敏感和天赋，更需要有对电影的赤诚热爱和朴素中正的技术能力。

在笔者看来，电影可分为两种：一种是有尊严的电影；另一种是没有尊严的电影。

所谓有尊严的电影，影像技术成熟，浑厚圆融，值得久久回味，你能看到制作团队的成熟，看到诚敬之意，看到朴素的细致努力，看到天赋，看到态度，看到审美，看到多重关键要素的奇妙融合。

所谓没有尊严的电影，是一股子出戏的感觉，作品整体显现出单薄、简陋、夹生的特点，结构和细节上不断出现硬伤，技术水准和思想性都不达标。就好比我们看了那么多小品和相声，有几个能让人笑得出来、记得住、愿意再看一次的？这便是关乎尊严的事情。

以运营主管为例，何为没有职业尊严？

此处，观照“诚敬之心”和“中正之能”，不会跑出这八个字，按条罗列如下：

➢ 把电商看作神秘的互联网科技，看不到其本原的零售朴素性特点。

➢ 随大流，没有自己独立、客观的思维体系。

➢ 过度迷恋前端的流量操作，忽视后端的基础建设。

➢ 从来不为企业的人才更替做储备，不把老板当朋友。

➢ 对利润麻木，没有诚恳的愿望。

➢ 庆幸自己的老板不懂电商或者不过问电商事务，任意造作。

➢ 没有能力向老板和团队解构电商的客观逻辑和琐碎细节。

➢ 对产品和产品结构不敏感，对呈现结构和细节不敏感。

➢ 天天加班，天天亏钱，以勤奋加班展示忠诚和可靠，并以此洗刷亏本的歉疚。

➢ 对大店铺的逻辑和具体执行缺乏客观的、结构性的、细致的解构能力，无法制定有效的跟进执行措施。

➢ 对破解平台漏洞有执念。

➢ 不懂得尊重常识，也缺乏常识，空顶着岗位和头衔。

➢ 不懂消费者，不懂人性，不尊重消费者，对消费者的市场化理解是碎片化的、片面的、单薄的。

➢ 对消费者的主观决策心理和客观行为路径的解读能力不够。

…………

无诚敬之心，不能成人。

无诚敬之心，不能学有所成。

故，诚敬之心，为中正不偏之能的基础。

电商运营如何才算有职业尊严？

当我们谈论何为没有职业尊严的时候，很容易，因为罗列起来比较简单。

但转身遇到一位杰出的运营能手的时候，你要说出个子丑寅卯来，却也不容易。

因为造作，是单薄的；优秀，却是浑厚圆融的，分量格外厚重。

好比看了一台好戏，完美谢幕的时候，观众站起来点头鼓掌面带微笑，满脑子的感激之情，到出口的时候，只剩一个字：好！

一百个运营里头，能显露出十个人才就很不错了。

有尊严的运营，必有诚敬之心。

有诚敬之心，才能把真的学问寻根究底弄明白，不辜负自己花费的时间，里外都求个圆融的完整性。

只这一件，就是了不得的做事情态度。

一件事情过手，脑补一遍来龙去脉，任何卡壳的地方当场就要弄明白，钝点不过夜。

这是尊重事体，也是尊重周围的人，更是尊重自己，是明白人，是体面人。

观照自己的位置，能看见老板的期望，能看见同仁的优秀表现，不甘落于人后，也不甘落人口舌，样样想在前头。

不在乎个人的得失，反倒得到的会更多。毕竟老板不傻，你让老板再去找一个现成的、可靠的人，他都头疼。

越是身居高位的管理者，越是如此。

诚敬之心就像是一个大嗓门，走到哪里，别人都能听得见。

什么办公室政治这种鸡汤，不妨先放一放！

就算到了那个层面，也是要靠实力说话的。没有实力，哪里会有政治？

有尊严的运营，必有中正之能。

何为中正之能？

中正之能，不偏不倚，谦逊无我，客观有力，无咎。

中正之能，必生于诚敬之心。

好比聪明人常常怀疑自己，但笨人从来不会。

怀疑的过程本身就是在不断地检验现实，并修正自己的判断，这里面就有诚敬之意。

诚敬之意更侧重对逻辑和原理的洞察，所求的是判断现实条件是否匹配。如果无法克服现实，则不去做挑战逻辑的事情。

有中正之能的人不容易经常犯错，因为是有心人，根器养得好，有真学问和丰富饱满的常识护佑。

有中正之能的人也不容易犯下特别严重的错误，常常是跟进紧密，止损及时。

有中正之能的人更不会相同的错误一直持续下去，这关乎他的尊严。

有职业尊严的运营，是老板的好帮手，是团队的好老板，上下都能从他的身上获益，他从来不惧怕老板，员工对他也不生分。

这种有尊严的体面人做电商，一定是明明白白的。

就算初始不甚明白，用不了多久，也能明明白白。

诚敬则必中正，中正则不造作。

反观一下，运营到底是什么岗位？是操作电脑后台的人吗？当然不是！

运营是围绕电商零售所做的一系列链条的设计和维护。

第十四章

Chapter 14

流量的底层逻辑

不要去找消费者，让消费者来找你。

前面的章节分别讲到了产品结构、电商呈现、客户服务三大模块，这一章讲一讲基础运营的第四大模块：流量和推广。这是一个大篇章。

电商运营总图见图14－1。

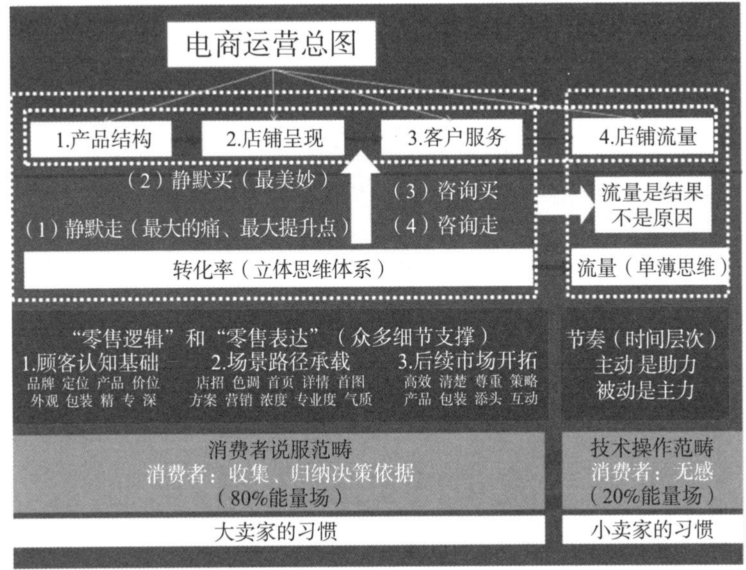

图14－1　电商运营总图

与其找流量，不如让流量来找你。前面几大章节要解决的就是这个根本性的大问题。

为了快速扩张市场，进行必要的推广是可以的，但是需要时刻关注转化率和推广投入的产出比。

在多数情况下，任何推广都不宜自选没有利润的渠道，也不宜把推广当作成交的主要来源。推广仅仅是业务开拓的助力，也仅仅是业务发展的节奏性补充。

找流量是每一个卖家的本能，只是每一个流量的到来都需要一个缘由。免费到来的缘由不充分，只能依靠付费的缘由。不论形式如何变，都是需要缘由的。

付费的流量是没有门槛的，想从付费流量路径中得到根本性的提升，基本上是一种妄念。仅仅抱持流量这一个本能是片面的，不具有电商零售的结构性整体观念。片面单薄的运营思想必定造就一个片面单薄的店铺，产出一个片面单薄的团队，追逐到最后也只能是一个片面单薄的营收目标。

流量话题是最需要小心的话题，对店铺运营的整体思想的所有分歧点都是对流量逻辑产生错误认识之后所发生的事情。

流量这个问题，不能被表象困惑，需要有极为深度的冷静思考。否则，一不小心就容易把电商看作神秘的事物，并不知悔改地坠入操作技巧和推广技巧的路径里不能自拔。

在摸索学习的道路上，大概会听说很多添油加醋的极端案例，应该如何持守自己的一亩三分地呢？

一、流量的深层次结构

1. 主动流量和被动流量

在流量层面，你一定要把流量划分为两种类型：主动流量、被动流量。

假如你今天的流量 UV 是 100，其中主动流量为 10，则被动流量为 90。

那么，10 个主动流量可能成交 5 单，90 个被动流量可能成交 1 单。总共成交 6 单，你的整体转化率为 6%。

一般人会认为单方面拉流量和加大推广力度，会让整体流量翻倍，业绩也能翻倍。而实际情况是主动流量并不会因为流量数据的增长而快速增长，这意味着转化率一定无法保障。这就是大把烧钱最后却没有得到提升的原因。

请记住：

一等流量搜店铺；

二等流量搜品牌；

三等流量搜排名；

伤心流量点推广。

是否能够形成足够多的主动流量是电商零售业务成败的关键。

2. 流量价值的二八原则

在流量层面，你需要把流量划分为两个部分：20% 的高价值流量、

80% 的低价值流量。

如前文所述，我们通常比较容易认识到电商成交总额的 80% 被 20% 的卖家占有，剩余的 80% 的卖家仅仅只获得了 20% 的交易规模。

许多人往往不了解另一个真相：电商成交总额的 80% 是由占总消费人群 20% 的高价值流量所贡献，剩余的 80% 的低价值流量仅仅只贡献了 20% 的交易规模。平均主义是不存在的事情。

讲到这里，有三点小提示给大家：

➢ 你只要将各平台所发布的交易规模和用户数据用二八法则拆开，就很容易知道 20% 的消费人群的平均消费额并不高，离“剁手”还差一大截。

➢ 如果你足够细心，还会发现大卖家店铺内成交买家群体的消费等级普遍要比小卖家店铺内成交的买家群体的消费等级高很多。

➢ 20% 的高价值流量通常比较自信，相信自己的判断，他们也讲求效率，比较倾向“静默成交”。对于卖家来讲，还有比顾客静默直接下单更美好的事情吗？

他们即便发起咨询，也是三两个问题完结就下单的主儿，是浅咨询。

而 80% 的低价值流量呢？他们通常到处逛、到处问、到处比，要求特别多，咨询折腾了 N 个回合，最终却没有下单。

说到这里，你大概能明白推广为什么没有转化，也知道推广到底是被谁点掉了吧。

3. 高价值流量是怎么产生的

风景秀丽的湖泊有许多，独杭州西湖名闻天下之冠，何故？

杭州西湖除了西湖十景，其周边景致也十分美，草地丰茂，绿树成荫，白娘子的美丽传说也只系此地，兼具历代名人诗文迭出添彩。那么，是否每一个湖都扯个大旗讲讲故事就能颠覆西湖的地位呢？粉丝是养出来的，不是拉来的。西湖不语，而流量自来。

低价值流量不会带来巨大的产出，而高价值流量通常是被吸引过来的。品牌的能力也可以说是吸引消费者的能力。

品牌的成长是基于已经购买的消费人群产生的记忆和认同，并缓慢影响身边的人做出相似的消费决策的结果。

二、关于流量的几个误区

1. 流量分配阴谋论

很多人认为电商平台能够控制流量的走向，认为大卖家的流量高是因为平台操作的阴谋，于是开始投身破解平台的阴谋，这种认知实在是一大谬误。

流量的本质是人，每一个流量都代表一个活生生的人。流量具有强大主动性，不是想往哪里赶就会往哪里去。顾客要买茵曼（一个网络零售服饰品牌）的服装，你能让顾客去买别的品牌吗？不能！

即便是搜索规则，也是遵循消费者的价值取向进行设定的。

次要的排名偶然性同样是平台留给中小卖家的成长机会，不至于让流量结果过于集中，这也是兼顾市场多样性的需要。

需要明确的是，平台的智慧非常强大。没有竞争力的业务想要获得巨大的发展几乎是不可能的。大卖家之所以成为大卖家，就是依靠其自身的业务竞争力和强大的消费者认同所获得的一个结果。

2. 向推广要即时产出

推广是一种常态化的必要需求，一定规模的广告投放是有必要的。广告本身承担提醒消费者、塑造品牌格调、开发新顾客等任务。

广告就是广告，直接向推广要产出是不科学的。推广的产出通常具有一定的滞后性，非得弄清楚某一项广告的直接产出也不科学。推广本身是一项系统工程，推广是多点执行、持续执行的一种经营行为。

好比品牌在浦东点亮一个大的广告牌，你很难说这个广告牌到底为销售增长做出了多大的贡献，但又不能否认这一广告行为本身的价值。

在电商环境下，各种推广结果的数据监测虽然非常必要，但没有必要直接将推广行为和销售目标完全画上等号。

3. 流量的“筛子思维”和“磁铁思维”

“流量为王”之陷阱：人出现在哪里，流量就在哪里，所有流量都有潜在的消费需求，是否可以让你为所欲为呢？

比如每一个到服装店的顾客都有吃饭的需求，于是服装店要开始兼卖炒面？当然不是。

网店的成交绝不是成交概率的问题，绝不是只要流量足够大，生意就会足够好的问题。因为流量是脆弱的。

正确的流量思维，一定不是“筛子思维”，而是“磁铁思维”。

你的网店输给同行，一定不是流量输给同行这么简单，而是业务本身的竞争力输给同行。这里最核心的就是产品结构和店铺呈现，服务环节的细节设计和销售思路也会塑造许多坚固的差异化，而流量是最后一件事情。只有前面三件事情做到位了，关于流量的努力才会有价值。

直接从流量下手，也就显得太冲动、太浅薄了。你要核心解决的是业务竞争力的问题。

同样是上海南京路步行街的两家女装店，流量是一样的，但生意却有天壤之别，这也能告诉你流量不是决定性的。

你准备开一家咖啡店，哪里的流量最大呢？照理说应该挨着星巴克开店才对，你会这么做吗？为什么呢？

每一个流量都代表一个人，人是有喜好、有价值观的。流量会选择是否关注你，是否购买你，是否传播你，而不取决于如何通过推广或者技巧让他们看到你，这些都取决于你的竞争力。

如果业务本身不具备竞争力，即使你获得了流量的关注，这种关系也是脆弱的；如果要把你和流量之间的关系变得坚固，必须获得流量的认同，这涉及消费者的消费价值观。

很多人不理解产品结构的重要性，觉得有几件货就行了，其实产品结构反映的是品牌、产品的定位、个性、外观等决定性基础；很多人也鄙视做好页面的价值，觉得那是肤浅的东西，其实页面水准反映店铺的专业能力，这是获取消费者信任十分重要的通路。

流量也是脆弱的，主要表现如下：

➢ 流量的总量是有限的：没有无限的流量去对接所有卖家。

➢ 每一个流量的时间是有限的：每一个流量只能关注少数卖家，并择优对比和选购。

➢ 流量是薄情的：今天 99 元他会来买，明天 299 元他们就翻脸不认人了。在买家眼里，与每一个卖家仅仅是谈一场恋爱，你休想跟买家结婚。能保持恋爱关系就不错了！你得不断保持让自己有吸引力，并且不惧买家拿你去跟同行做对比。

➢ 流量是自我的：你说什么都没有用，流量是否喜欢你是他们自己的事情。

你有多脆弱，流量就有多脆弱；

你有多坚强，流量就有多坚强。

要想人前显贵，必须人后受罪。天底下没有轻轻松松就能够做成的事情，除了要智慧，还得靠耐心。成功学的大行其道，就是有人相信世间有捷径。其实，那不过是童话。

发挥决定性作用的，往往是不可衡量的东西。商业是科学，也是艺术。生意绝不是简单的加减乘除。

三、流量推广工具

淘宝和天猫的推广工具比较多，玩法也比较丰富，这里着重谈一下淘宝、天猫常用的推广工具，详列 7 点如下：

1. 日常推广

（1）直通车。这个推广竞争过于惨烈，有钱都能做，能够通过直通车推广获得盈利是比较大的挑战。无论你是何等高手，或许都会面临十分强大的出价竞争。

直通车的玩法太多，需要权衡的操作点也太多，但本质上的差别不会太大。适度投入，控制在可承受的范围内，谋求良性发展。

这一推广方式几乎没有门槛，也就导致一个结果：只要有利润，就会不断有钱往里面砸，砸到没有利润为止，甚至砸到相互之间比亏本承受力的状况。大家比的不是赚钱的能力，比的是什么呢？比的是“耐疼痛”的能力。

（2）钻展。这个推广方式特别适合从品牌角度去做，也特别适合品牌旗舰店。

或许钻展没有直通车那么直白地给你反馈——花掉多少钱，带来多少交易额，你其实看错了钻展。钻展的几个优势如下：

➢ 钻展具有非常强烈的官方推荐味道，比直通车更加高大上。

➢ 首页主屏的钻展面积比较大，品牌调性有更大的发挥空间。

➢ 首页展现就算没有点击，也是极好的曝光机会，消费者一次看到生，两次看到就熟了，如能记住你的品牌和产品，未来某个时间点购买的可能性一定有。

➢ 消费者的需求和购买行为经常有延迟性，就是今天看到，或许下周才购买，曝光才是广告的最大特征。

店铺想做钻展，还是需要一定门槛的。除了考试，或许你的店铺还需要达到一定的水准才可以，比如你的钻展图片水准、单品详情页水准、店铺首页的水准、业务竞争力等。

从某种意义上说，一家店铺无法投放钻展本身就是一个悲剧，这也说明了店铺整体业务水准是偏低的，要引起足够的警醒，需要谦虚谨慎地努力才行。

笔者建议你把推广费侧重在钻展。

提示：尽量不要以渠道商的身份做钻展推广，主要从品牌的角度去做推广。

你要看得见，大卖家的推广投入是倾向做钻展的。

无论是钻展还是直通车，你投放的资源都是有限的，这就要求你对于时间点选取、区域选择、关键字选取，都要做到精挑细选，不断优化。一股脑地把钱烧完，就没有技术含量。

其他的推广方式也要有这样的节奏思维。

（3）淘宝客。只要账算得平，尽量多给佣金。

佣金点的设置没有一个完全科学合理的百分比，你得摸索最佳的平衡点。

一般来说，你的店铺影响力增强了，转化率提升了，佣金就可以适度降低。一旦发现佣金降低打击了淘宝客的积极性，你又要适度往上调整。

至于全民皆淘客这件事，大家面临的机会是一样的，就不要去计较了。

（4）聚划算。聚划算是冲高的好方式，但也要适度考虑价格和成本。

积压库存的变现鼓励多做聚划算，反正压着也是压着，尽量给一个好的价格优惠。

店铺平常比较牛，参加聚划算才会牛，而对首图的设计、详情页和首页的打造会产生决定性的影响。

参加聚划算别太上瘾，特别是做聚划算效果比较差的店铺。你要是每次都能卖几百万元，经常做也是极好的。

也别总是进行太多的预热，免得消费者就等着聚划算，影响平时的销售。

（5）活动资源。有活动资源，当然可以做。

如果轮不到自己，也别纠结。

你足够优秀，好的资源自然会来找你；你不够优秀，将无法把资源的效用发挥到最大，资源不找你也是天经地义的。这是正确的商业逻辑，也是平台为了让消费者满意的初衷所在。

2. 年度大型活动

你需要做的事情包括但不限于如下几点：

- 留意选款的准确性：款式、价位段、消费者喜好，以及售完的替代款。
- 推广方式与店铺展现逻辑的协同性。
- 主题文案的展示，包括店招、海报、详情页关联图片等。
- 你甚至要细化到聊天工具的头像、签名、自动回复等。
- 推广、预热的时间点节奏。

3. SNS 工具

这个必须做，但是这种方式的最大作用不是引流和成交，而是维护与消费者之间的关系。你必须让消费者想关注你的时候有一个去处。

这种推广方式也会伴随无线端的成长而不断地发展壮大，紧跟平台步伐即可。

有些互动未必能够在店铺内实现，而 SNS 工具则是极好的展示方式，并且能够丰富品牌的内涵，能够让品牌更加吸引人、更加有故事。

本质逻辑应该是品牌的业务本身确实做得不错，适时引导粉丝进行有意思的互动，用健康完整的业务逻辑不断激发顾客的满意度，从而不断吸引更多的粉丝加入，随后庞大的粉丝群体会反哺业务的健康成长。

如果单从粉丝营销的角度入手，难以获得业务成效，最优先要解决的是业务本身的逻辑完整性和细节把控。

所谓的互联网思维，根本还是商业逻辑思维和与之配套的传播思维。

4. 站外引流

四个字：量力而行。

这项工作其实让平台和淘宝客去做就够了，除非你已经成长到站内的流量都不足以满足你的欲望的时候，或者你确实有大把的费用可以操作这件事情。

5. 售后服务推广

你完全可以挑选出忠诚度很高、个性开朗、评价正面的顾客进行售后营销，给予这批顾客更多的价值，给顾客创造更多的惊喜做推广。

如果资源足够，你甚至可以全面地铺开针对所有顾客去做售后增值。

6. 包裹营销

包裹也能是营销？是的！

请尝试购买“极度强势”品牌、平台“秒起”品牌家的产品，去拆开那些包裹，你就有所体会了。

7. 销售员的主动推荐

这也是一种推广方式。很多情况下，消费者会受到销售员推荐的影响，我们完全可以把更好的产品和更好的服务通过互动的方式传递给消费者，目的是让消费者拥有更好的产品、享受到更好的购物体验。

笔者每天都有刷微博的习惯，也关注了很多电商人的微博，看到又细腻又宏观的长文短句是一件开心的事情。而笔者看到更多的是对电商认识有误区的文字，其标志性的特征就是“流量”决定论。

笔者明确反对“流量决定论”“操作技巧决定论”“推广决定论”，明确提倡“店铺决定论”。

当然，不是说转化率特别高就一定是对的，因为你可能真的把价格拉到了底线，而自身在艰难维持，或者直接就是“战略性亏损”。

不能回避的问题是：流量要有优势，凭什么？

最无法回答的问题是：没有流量怎么会有转化率？

现在有巨量的卖家花了很长时间、投入很多资源却仍然没有走上良性发展的道路，最终得出的结论或者别人给予的结论都是流量难以获取，这可能仅仅是十分表象的结论。如果能够挖掘出是什么原因导致流量没有优势，这才可能是真正有价值的。

单纯的流量决定论的弊端是简单地把网店生意的核心归结为流量概率问题，把是否获得交易归结为流量的获取数量，而忽视业务本身的三个基本问题：

➢ 业务本身对流量的即时转化能力到底有多强？

➢ 业务本身对于巩固已成交用户认同的能力到底有多强？（这是决定性的）

➢ 业务本身在评价、客单价、转化率、传播性等方面吸引电商平台系统倾斜的能力到底有多强？

看到第三点，估计很多人要理解成需要有关系才能做好网店，这种理解就是笔者前面谈到的“阴谋论”。太多人不承认自己的劣势，反倒为自己找台阶，抱怨社会不公，这是不科学的。你要系统垂青你，得拿出点业务真本事来才行；你的业务如果是脆弱的，怎么做都不会有结果。

很多卖家做得不好，你当然要看到，看到了还不够，还要总结过得不好的网店有什么共性。很多卖家做得很好，你却未必看得到。看到了还不够，你得挖掘出做得好的网店有什么共性。

所有的推广方式，都必须落脚在产品和店铺本身。如果流量来了，而我们的转化率没有达到预期，要检讨是单品转化问题还是全店转化的问题。如果转化的问题相当严重，就必须回到产品结构、电商呈现、客户服务的本原问题上，绝不能凶猛砸钱一条道走到黑。

四、推广的朴素性

推广就是推广，向推广要即时性回报是不恰当的，即时性回报是削价大促的任务。

推广应该是长期的、有计划性的，不是一时头脑发热的事情。

战略性亏损这种事情，是大卖家才能尝试的，一般的卖家就别去实践这么高大上的概念了，不朴素，也不可靠。

推广不一定就是指烧钱买广告，给顾客让利也是推广，比如免单、买赠、满减等。

店铺推广效果不佳，应该立即反身观照产品结构和店铺呈现，站在消费者角度来度量自身的说服力和竞争力问题。盲目加码只会扩大损失。不可忽视店铺整改的威力，可能 24 小时就能带来转机。

五、推广的陷阱

我们把推广工具的出现和流行分为四个阶段：

第一阶段：推广工具刚出现时。

使用推广工具的人并不多，推广投入能带来盈利。

会推广的“翻身农奴把歌唱”。

第二阶段：推广工具开始流行。

使用推广工具的人瞬间多了起来，推广投入有时盈利有时亏本。

大家自我安慰，有输有赢。

第三阶段：推广工具广泛流行。

第二阶段只维持了很短的时间，便快速过渡到没人不用推广工具的阶段，ROI 一路下滑，再无抬头的可能。

普遍特征是比谁耐亏能力强，都懒得自我安慰了。

实际上，不可能存在所谓的独门秘籍，我们应该十分乐观地看到，全天下是一个笨蛋都没有了。

计算 ROI 的价值并不大，不必太在乎。

平台的经营哲学，是在营收最大化和生态可持续发展中找到平衡。

把握住这个哲学式的命题，才能真正懂得平台、懂得消费者，知道如何让平台来帮助你成功。

要承认自己的被动性，才能找到主动性的办法。

和平台要有合作共建的心态。

第十五章

Chapter 15

店铺诊断方法和工具

店铺诊断方法，要分三个部分来谈。

一、品牌电商零售自检

第一步：需求和供给分析。

➢ 线上市场需求的结构、细节和痛点。

➢ 线上供给现状的结构、细节和痛点。

➢ 机会点。

第二步：品牌现状。

➢ 品牌名称、logo、定位。

➢ 品牌愿景。

➢ 品牌中长期目标。

➢ 产品技术特点。

➢ 品牌的优势、劣势分析。

➢ 线上、线下的业务模式和规模明细。

➢ 利润状况。

➢ 渠道定位差异。

➢ 从设计到上架的供应链周期。

第三步：组织架构。

➢ 人员组织架构总图。

➢ 运营团队组织架构。

➢ 美工团队组织架构。

➢ 销售服务团队组织架构。

➢ 人员储备规划。

➢ 团队的优势、劣势分析。

➢ 人员薪酬体系和绩效考核制度。

➢ 人员培训计划和目标。

➢ 无障碍沟通机制。

➢ 员工关怀细则。

➢ 员工大会。

➢ 人员排班表检查。

➢ 汇报制度和具体汇报事项。

➢ 轮岗制度。

第四步：产品结构。

➢ 品类管理。

➢ 产品深度。

➢ 价格定位和价格梯队。

➢ 包装标准。

➢ 服务配套设置。

➢ 呆滞库存状况。

第五步：电商呈现。

➢ 品牌呈现。

➢ 店铺首页呈现。

➢ 产品详情页呈现。

➢ 关联销售呈现。

➢ 营销呈现。

➢ 服务配套展现。

➢ 品牌和店铺审美管控。

第六步：销售和服务。

➢ 销售排班计划。

➢ 售后服务措施。

➢ 顾客投诉处理流程。

➢ 退换货管理。

第七步：流量推广。

➢ 推广费用预算。

➢ 推广工具分析。

➢ 中长期推广计划。

➢ 日常推广操作细则。

➢ 活动资源管理。

➢ 推广考核指标。

第八步：运营管理

- 全年业务目标按月分列。
- 淡旺季分析。
- 线上需求、供给变化跟踪。
- 运营问题点分析。
- 业务成长机会点挖掘。
- 进、销、存管理制度。
- 财务核算。
- 排班制度。
- 数据分析和报告制度。

二、格店

天下事物，格之即理。格店见图 15－1。

店铺：			
一、产品结构 1.定位基调 2.产品素质 3.专注度 4.SKU深度 5.产品结构布局 6.产品定价 7.价格结构 8.重点单品规划 9.爆款依赖度 10.产品设计 11.产品包装设计 12.快递包装 13.店铺优先意识 14.其他	二、店铺呈现 1.窗口图统一 2.标题统一 3.详情页前关联主推 4.详情首屏基调 5.详情促销标准 6.详情深度（理性+感性） 7.详情结尾包装图 8.详情品牌结尾 9.详情页后关联品类 10.首页首屏基调 11.首页促销标准 12.首页主推结构 13.首页分类框 14.首页分类楼层 15.分类楼层海报 16.分类楼层深度 17.分类楼层单品切块 18.首页品牌结尾 19.首页深度 20.方案设计 21.店铺大主题 22.楼层小主题	三、客户服务 1.静默贡献率 2.咨询转化率 3.退换货率 4.客服产品实践 5.客服销售技能 6.排班安排 7.顾客关系维护 8.评价维护 9.其他 23.首页抵达率 24.店铺访问深度 25.店铺转化率 26.PC端重视度 27.PC旺旺模块设计 28.店铺优先意识 29.其他	四、店铺流量 1.推广投入占比 2.推广配置模式 3.推广投入曲线 4.流量执念 5.顾客推广意识 6.补单情况 7.店铺优先意识 8.其他 五、其他 1.组织结构 2.组织建设 3.多店结构 4.平台分布 5.线上线下的一致性 6.店铺日记制度 7.常态化沟通 8.激励措施 9.店铺优先意识 10.其他

图 15－1　格店

明结构，辨细节，见脉络，证高下，分老嫩，此为格物，格物以致知。

这几个步骤下来，格店也就不难了。锚定结构和细节这两项做对比，真伪老嫩就能看得见了，不仅能看见店，还能看见执行团队里的人的所思所行。

不论江湖上有多少种流行的说法，未必值得听。一则流行的道路不可能通向杰出；二则真理通常都不具有流行性。这应当是常识。

体察消费者，才能见行业性的麻木。

格店，格的不仅仅是一个店，格的是店铺背后的人，格的是竞争环境，格的是消费者的结构性需求。

所谓由形而上，因上而下，凝无形为有形，驭有形而能生无形。

天地之道浸，持之若虚，用之则实；持之若实，用之则虚。

请结合本书前面章节，运用好图 15 – 1 所列单项。

三、店铺日记

首先，数据对于电商零售整体的运营具有巨大的商业价值，数据不仅仅能够记录业务的成长历史，更能反馈出业务本身存在的问题和机会点。其次，数据是培育团队结构思考能力和细节判断能力的有效工具，也是考核团队绩效的重要衡量指标。

如果你的店铺没有进行数据跟进，这是十分粗糙的事情。

我们在进行数据分析的时候，比较容易走入两个误区：

第一个误区：认为数据只是给老板看的。

很多时候，我们或许会认为数据是给老板看的，是给负责人看的，是给财务看的，是给采购看的，或许会认为销售服务团队和其他人不需要看数据，这是巨大的误区。

笔者认为数据是要给公司所有人看的。有以下几个思考：

➢ 在发展初期阶段，人员或许不太多，每个人都有必要对业务的整体状况有所认知，这为将来人员的成长和人员的轮岗打下基础。

➢ 小伙伴们都是在快速成长的，每个人接触的信息越全面，越能促发他们的思考，突出他们的优势就会成为可能。老板有一个任务就是毫无保留地促进员工的成长，只有员工成长了，业务才会大跨步地往前走。

➢ 每个人对业务的整体和细节有更深的认识后，他们的成就感、责任心都会得到提升。店铺的数据分析，不仅仅要每个人看到，还要每个人都看得懂数据的含义；不仅仅要知道数据的含义，还要每个人都会填写，还要能讲解数据，大家都要轮流填写。

➢ 数据要每天记录，经常做小的总结，阶段性做一些大的总结。每天打印张贴出来，方便每一位小伙伴随时查看。

第二个误区：认为数据样本越详细越好。

许多数据统计人员喜欢把数据做得非常庞大，一做就是上百项，似乎没有上百项就不叫数据统计和分析。笔者认为数据分析要根据实际需要去做。

➢ 日常数据分析一定要简洁。数据就是一个检测工具，如果太复杂，不但加工成本太高，而且阅读成本也高，看表格要花 10 分钟几乎是不可接受的事情。

➢ 数据列项太多，反馈的问题也会越来越细，每一个细节都意味着一个提升方向，而当你看到那么多方向要提升的时候，人的内心就开始害怕了，最后可能不了了之，把应该整改的问题也放下了，结果还是回到搞流量的老路上。

➢ 最致命的是数据太庞大的时候，数据分析就没法坚持做下去了。只有当我们明确需要细化问题的时候，才需要把数据做得更加细致。

这里把日常数据分析列为 28 项（DSR 实际有 3 列、排名前三的单品交易额和百分比实际有 6 列、移动端交易额和占比有 2 列、历史月度交易额单列有 2 列，表格总列数为 28 列），接下来一项一项地展示出来，如表 15－1 所示。

表 15－1　日常数据分析

店铺名称					填写要求：每天填写、人人填写、不能有空白、每周小总结、每月大总结							
日期	周几	节假日备注	活动/推广/更新页面或其他	交易额/元	钻展推广金额/元	直通车推广金额/元	店铺行业排名	UV	访问深度	转化率/%	首页到达率/%	客单价/元
2018 年 10 月累计												
2018 年 11 月累计												
示例	星期一	母亲节	淘抢购	269800	4800	2200	19	21448	5.1	2.11	15.00	599
2018－12－01	星期六											
2018－12－02	星期日											
一周累计												
2018－12－03	星期一											
2018－12－04	星期二											
2018－12－05	星期三											
2018－12－06	星期四											
2018－12－07	星期五											
2018－12－08	星期六											
2018－12－09	星期日											

续表

日期	周几	节假日备注	活动/推广/更新页面或其他	交易额/元	钻展推广金额/元	直通车推广金额/元	店铺行业排名	UV	访问深度	转化率/%	首页到达率/%	客单价/元
一周累计												
2018 - 12 - 10	星期一											
2018 - 12 - 11	星期二											
2018 - 12 - 12	星期三											
2018 - 12 - 13	星期四											
2018 - 12 - 14	星期五											
2018 - 12 - 15	星期六											
2018 - 12 - 16	星期日											
一周累计												

1. 日期

这是做数据的必选项，我们要做的是记录每天的数据，聚合到每周做一次小的统计，每月做一次大的统计。

你当然也可以做每月的上旬、中旬、下旬的纵向对比和横向对比。

数据做得多了，或许你会发现某个类目的月初成交额总是大于月末的成交额，为什么呢？因为月底消费者的工资到账了。

也会发现有些产品受开学季、过节日、天气变化等因素的影响。如果你有兴趣关注并提取数据魔方的数据，得到整体的市场行情，给你的表格适当加上一项自己在行业的占比，也是极好的。

如果你足够细心，还要研究每一天不同时间段有什么表现。比如童装，早上 9 点前娃娃没有上学前，购买偏少；下午 5 点娃娃放学到晚上 8 点娃娃睡觉前也会偏少。而周末和节假日又有所不同。做生意，得研究社会、研究人，研究人们都在干什么。

2. 周几

这个数据的重要价值就是挖掘每一周的高峰低谷时间段是什么，指引你的推广节奏和人手安排。举两个例子：

➢ 如果你卖的是轻便的小商品，很可能周一、周二的销量大于周五，为什么呢？因为消费者周末不在办公室，也可能周末要出门，周五拍下的商品签收可能不方便，所以愿意在周日或者周一下单，等上班的时候在办公室签收比较方便。

➢ 如果你卖的东西比较大或者比较重，很可能出现周五下单比平时更多，为什么呢？因为工作日在办公室收到这样的货品再拎着去坐车或者去停车场是不方便的，所以周五下单，周末在家等着签收更好。

做这些思考非常有趣，你甚至可以统计最近几个月的周一、周二……一直到周日每一天的累计情况。数据长度越大，反馈出来的规律性就越靠谱。每一个不同日子的转化率也会有所差别，不同时间段也会有所差别。这对于广告投放和人手安排有巨大的参考价值。

同样，为何女装品牌一般是选择周二或者周四上新呢？值得思考。

3. 节假日

节假日前、节假日进行中、节假日的最后一天，以及节假日结束后的第一个工作日，成交曲线有所不同，你完全可以参考自己店铺的成交数据趋势和数据魔方的成交数据趋势来调整运营思路。

参考日期、节假日，你还可以调整推广投入的合理分配，还能有效指导你的排班安排，把最强的人手安排在最需要的时间段。

4. 活动、推广、更新页面或其他

推广投入、大型促销、活动上线、页面改造等会对业务产生巨大的影响力，你需要认真记录下来，以备监测后查阅。

5. 交易额

交易额越高越好。

6. 钻展推广金额

建议温和切入，持续做，占总推广费的比例可以高一点。

7. 直通车推广金额

建议温和切入，持续做，占总推广费的比例可以低一点。

直通车和钻展都是可以参阅成交曲线规划投入节奏的，如果一股脑地把钱放进去烧完，不讲究月度内、周内、一天内的时间段分配，就没有技术含量了。

8. 店铺行业排名

这个模块要提供的信息就是，如果交易额在上升，而行业排名却在下滑，说明并不是在走上坡，而是在走下坡路。

如果我们的交易额停滞甚至下滑，而行业排名却在上升，这说明我们不仅没有后退，还处于上升阶段。

当前是产业集中化的发展阶段，行业排名保住了，市场份额仍然有可能是急剧下滑的，一定要注意这一点。

我们不能被数据的表象欺骗。

9. UV

独立访客数量，越高越好。

10. 访问深度

访问深度越深越好。

有这项数据基本就能反馈消费者对店铺的兴趣有多大。与之对应的一个数据叫“停留时间”，这两个数据说明的是同一件事情。但是可能存在无效的停留时间（打开一个网页长久未关）的影响，而访问深度是真真切切主观意识的点击，所以只取这一项数据就够了。

11. 转化率

转化率越高越好。

值得注意的是，当店铺做到一定规模，影响力越来越大的时候，其访问深度和转化率可能有所下滑，因为店铺热度大幅度提高以后，加之推广力度的加强，非精准的流量进来的可能性就越大，这种在访问深度和转化率上的下降反倒是一件好事。

最好的店铺做活动和大促的时候，其转化率则会呈现秒杀一切的霸气。

12. 首页到达率

首页到达率，是衡量宝贝详情页说服力非常重要的指标。

首页到达率与访问深度、转化率是密切的正相关关系。

13. 客单价

客单价的高低取决于产品线，最健康的客单价是比行业平均值略高的客单价，客单价相对比较稳定才是好事。

14. 静默转化贡献率

静默转化贡献率 = 静默成交 UV/总成交 UV

这一指标反映的是店铺本身信息的准确性、逻辑的完整性，以及消费者的认同度和决策效率（见表 15 – 2）。

表 15－2 静默转化贡献率

静默转化贡献率/%	店铺自动销售能力指数/%	店铺人工销售能力指数/%（咨询转化率/%）	描述 DSR（正负百分比）	服务 DSR（正负百分比）	发货 DSR（正负百分比）
57	3.93	63%	4.912	4.911	4.897

15. 店铺自动销售能力指数

店铺自动销售能力指数 =（静默购买 UV + 咨询 UV）/总 UV

这项数据反映店铺自身对于消费者的征服能力，顾客要么静默成交，要么发起咨询，我们要努力减少的就是“问都不问一句就走掉”的顾客的数量，越少越好。

16. 咨询转化率

咨询转化率 = 咨询成交 UV/咨询 UV

这项数据反映客服销售对成交的贡献值。

从纵向对比，你可以发现客服的水准是在提升还是在下滑，你要做的就是及时发现，并采取措施帮助团队提升销售能力。

第 14、15、16 项数据是整个数据分析中最核心的三项数据（见表 15－3），这三项数据能够清晰地传递出店铺存在的核心提升点是在前端还是在后端，是店铺本身的问题还是人员的问题。

表 15－3　三项数据

举例：

<table>
<tr><td rowspan="4">总 UV</td><td rowspan="4">1000</td><td rowspan="2">咨询 UV</td><td rowspan="2">200</td><td>咨询购买 UV</td><td>80</td></tr>
<tr><td>咨询离开 UV</td><td>120</td></tr>
<tr><td rowspan="2">静默 UV</td><td rowspan="2">800</td><td>静默购买 UV</td><td>60</td></tr>
<tr><td>静默离开 UV</td><td>740</td></tr>
<tr><td colspan="3" rowspan="2">总成交 UV</td><td rowspan="2">140</td><td>咨询购买 UV</td><td>80</td></tr>
<tr><td>静默购买 UV</td><td>60</td></tr>
<tr><td colspan="3"></td><td>静默转化贡献率/%</td><td>店铺自动销售能力指数/%</td><td>店铺人工销售能力指数/%
（咨询转化率/%）</td></tr>
<tr><td colspan="3"></td><td>60/140</td><td>（60＋200）/1000</td><td>80/200</td></tr>
</table>

17. DSR

DSR 的细微变化，都是市场对于我们整体的业务水准和细节的反馈。有时候改一下包装，DSR 就会上升；有时候改一下首页，DSR 也会上升。

能够左右消费者心情的，很可能就是细节。

18. 销售额排名前 3 的单品和交易额占比

表 15 –4　销售额排名前 3 的单品和交易额占比

当日冠军单品名称	冠军成交额占比/%	当日亚军单品名称	亚军成交额占比/%	当日季军单品名称	季军成交额占比/%	移动端成交金额/元	移动端成交占比/%	退换货率/%
A	18	B	9.30	C	8.90	216675	80.50	1.20

一般条件下，排名前 3 的单品会占全店产出的 60% 以上（见表 15 –4）。

这个模块最大的价值就是要时刻留意排名靠前的单品是否就是你正在主推的单品，如果不是，说明你的单品挑选出了问题，或者说产品结构选品出了问题。

爆款成交占比特别高，未必是好事，要具体问题具体分析。

19. 移动端成交金额和占比

这个不用解释。

20. 退换货率

这是需要长期关注，尽量压低的一项数据。

数据本身可能不会说话，或者只说出了一部分信息，而你需要挖掘数据没有告诉你的东西。有时候，我们没有看到数据表达了什么信息，笔者教你一个笨办法，就是打开数据表格，盯着看，时间久了，数据就会对你说话，可以试一试。

数据能够反馈历史，能够解释和检验业务逻辑，能够反映存在的问题，也能提炼细节提升点，更能指引未来发展方向。

数据也是积累业务经验的良好载体，一定要把数据用好。

第十六章

Chapter 16

学习方法论

有云："文无第一，武无第二。"

此话对否？

也对，也不对！

觉得这话对，是很多人都同意的，此放下不表。

只说这不对处，当如何理解呢？

文这东西，也是有第一的，怎么个分法呢？第一流顶格好的，是一小撮拔尖的，厉害是一样的厉害。

标新立异的有没有？没有！

因为那是进不了顶格位置的，居于顶格位置的通常都圆融、浑厚，具有迷人的繁复层次，标新立异是思想和技术上的无能的代名词。比如偏执的现代艺术，都活不长。

武真的有第一吗？不管是拔枪的还是拔刀的，水平差不多的，没有谁敢说来第二次还能稳赢。同样是高手，拿长枪的和拿手枪的对决，肯定是拿手枪的能赢；同时拔刀，刃短两寸的就能稳赢。

由此可见，是条件决定了结果，不是功夫决定了结果。

写上面这个段落，是要表达一个观念，长久流行的提法未必就是真理。

中国人最擅长什么？最擅长看事物的两面，立一个阴阳的方法论。

需要警惕的是，一样东西越是流行，就越有可能是错的。

笔者对电商的看法，和很多中小规模的电商企业的老板对电商的看法不一样，和很多年轻的运营对电商的看法更不一样，甚至存在严重的冲突。

总体来说，笔者的看法比较呆，这些年都是呆呆地看电商。

幸运的是，笔者陪伴很多电商企业用呆呆的办法获得了非常稳健的增长，而且超级大卖家无一例外都是呆板的。

《电商不难》这本书就是呆呆的一本书，《中国零售》就更呆了，《电商高管私房课》也是呆的。

入正题，笔者琢磨电商的四个方法。

一、第一个方法：体察消费者

消费者群体的花钱路径里，高、中、低的产品都买过。

笔者，也是消费者群体的一分子。

在不同的细分领域里，各种品牌的起伏兴衰，莫不是在供给端的结构性大潮中沉浮飘摇。

底子硬的品牌和渠道，知道如何细心地维护与消费者的期望值之间的默契，而造作的品牌和渠道，常常为了所谓的市场占有率，不断地将售卖动作本身变得酷炫，变得没有端仪，甚至变得没有尊严。

当耐克开始流行的时候，阿迪达斯也会跟着流行，旗鼓相当的品牌也能流行起来。

当产品和场景都具有决定性优势的时候，一个强势品牌就会以无可阻挡的态势获得快速成长。

顾客花钱的价值观在哪里？

一则是口袋里的钱；二则是消费者的尊严。

每一个特定消费者在特定时间点的钱是恒定的，能促进消费者尊严的品牌就能获得更多的市场份额。

二、第二个方法：琢磨电影

要说笔者对什么事情特别上心，那一定是电影。

笔者对电影的敏感度超出了对其他事情的敏感度。

这么沉迷于电影其实也不好，为什么呢？会发觉能看的电影越来越少，要找到看电影的美好享受，往往只能去看老电影，一遍一遍地看，通过每一帧画面的跳动去捕捉电影生产者的可贵之处，从而获得一种朴素、真诚的感激之情。

为什么呢？因为要制作一部好电影实在是太难了。

我们见过集体创作的伟大的诗吗？没有！

我们见过集体创作的伟大的小说吗？也没有！

唯独电影，却必须是集体的创作。一则要剧本的底稿；二则要导演的调整和调度；三则要演员的专业朴素表演，还要诸如剪切、配乐、道具、服装、灯光等因素的配合。

好电影都堪称奢侈品。

好电影是集体的创作，却能显现出统一的频率和韵味，具有完美的节奏和结构，也有完美的角度和细节，是什么样的集体才能创作出这样的作品呢？只有赤诚的心才可以抵达。

三、第三个方法：宗经

很小的时候，笔者没有接触和学习中国古典文献的机会。

直到很多年以后，笔者从《中庸》开始起步，陆续研读了《大学》《论语》《道德经》《黄帝内经》《尚书》《孙子》等原典，也读到诸如《素书》《阴符经》等。

《易经》看似玄乎，也是必须读的，不当作玄学书读，当作哲学书读。

这才发觉笔者之前读的书，大部分都是无用的书，白白耽误了读“不死书”的功夫。读这些书虽不求甚解，也能吸收到非常可观的能量加身。

恰恰是读了这些无用的“不死书”，越发让笔者感叹《红楼梦》的浑厚魅力，越发能感受经典电影的浑厚魅力。

也是从那个时候开始，笔者对很多事情的看法渐渐变得呆板了，不容易受到外界的干扰，对朴素的观点十分欣喜，对造作的观点具有强大的防御力。

这些古典经典，多数具有脉络清晰的结构，尤其是小结构都非常精彩。

凡是带有“经”字的，意味着是最佳文本，不能增减和篡改，其细节上的观照也是登峰造极的。

读“不死书”的好处就是：见过高山，丘陵不入眼。

四、第四个方法：格店

琢磨消费者是如何花钱的，是把消费者的决策和行为路径给格了。

琢磨电影，是把电影的结构和细节给格了。

宗经，是把经典的起点和方向也尝试去格一格，目的是要格出一些可能性，格出原典的延展性，格出原典的浑厚度和完整性。

体察消费者，见行业性的麻木。

看电影，理解扎实的结构和完美的细节的巨大魅力。

宗经，是读“不死书”，探寻真理，朴素天真，告别造作。

格店，格的不仅仅是一个店，格的是店铺背后的人，格的是竞争环境，格是的消费者的主观决策心理和客观行为路径。

以上，是笔者琢磨电商的四个方法，也是笔者的学习方法。

世间万事万物，既有其物性层面的东西，也有其神性层面的东西。每个人都是天生的艺术家，我们只需要承认这一点，然后唤醒自己的意识即可。

如果你认为自己不爱好艺术，那么你在了解人性、温暖人心层面将不会有太大的作为，你不会成为很好的商人。

如果你认为自己不爱好艺术，在自由市场的现代商业圈是没有竞争力的。

第十七章

Chapter 17

电商“玄”学

笔者有这样一群朋友，他们对笔者所讲的电商理论结构、细节和语言模式非常认同，同时又认为这些东西不够亲民，错失了获得更广泛的电商卖家认可的机会，是一个遗憾。对此，笔者的确非常感动，也很欣慰，但是笔者仍然是改不过来，因为笔者的能力和所知的东西非常有限，做不到面面俱到。

笔者所讲的东西，算不得是笔者的发明，顶多算是一点小小的发现。

既然改不了，索性就来谈一个更空灵的话题，姑且叫“电商玄学”。

书法家见到王羲之的摹本会作何感想？

小提琴演奏家想到海菲茨的时候会作何感想？

在谈这个话题之前，笔者谈一下个人对伪现代艺术的看法。

和现代艺术这个名词相对，伪现代艺术是古典艺术。那古典艺术是不是好的艺术呢？当然是。前人肯定也有过很多造作的艺术，是伪的，所以都没能够留存下来，真正留存下来的，当然都是好的，是有生命力的，配得上“古典艺术”这四个字。可以确定的是，最好的艺术行里，古典艺术是绝对的主力。

那古典艺术有什么特点，或者说好的艺术有什么特点呢？大概有三点是绕不过去的：

- 古典艺术所蕴含的人文能量是巨大的，具有朴素浑厚的思想性。
- 古典艺术通常都展现了惊人的技术水准，技术水准表现在手艺的磨炼难度、天赋和所需要耗费巨大的时间成本。很多时候，技术难度本身就是了不起的艺术。
- 古典艺术有生活的气息，也从来不回避生活本身，具有大众化的特点，具有普遍的认同性，真正做到了雅俗共赏。

实际上，所有伟大的现代艺术都具备古典艺术的三个特点，这完全是相通的，或者说艺术只有真伪、老嫩、高下之分，并无古典或者现代之分。

那么，什么是伪现代艺术呢？伪现代艺术的特点也有三个：

- 无能：思想高度不够，踮着脚也还是不够，同时技术能力不足，技术和时间成本投入不大，不高级。
- 懒：成品快，效率高，简洁，结构突兀，细节缺乏，甚至很多都是伪孤本。

➢ 坏：把主要生存技能放在带有威慑性的狡辩上，不懂就是你欣赏不来、不懂艺术、没文化、美盲，其本事不大，有时候是一种很真诚的无耻，有时候是真无知者真无畏。

事实证明，伪艺术经不起时间的考验，很快就会被淘汰，因为实在是太造作了。

从事艺术工作的人，多多少少都应该有一丝绝望的情绪，好比书法家，看到王羲之的帖子，除了喜悦和崇敬外，还应该有一丝绝望。小说家读《红楼梦》的时候，除了喜悦和崇敬外，也难免生出来一丝绝望。没有真诚的喜悦和崇敬，说明不够专业，也不够热爱；没有一丝真诚的绝望，也说明不够专业，不够热爱。

好的艺术，诠释着恒久不变的人文情感，具有穿越时代的巨大魅力。

人们崇拜伟大艺术的原因，简而言之为“审美需求”，归根结底是为自己构筑“生而为人”的自豪感。每个人终其一生都在谋求灵魂上的高贵，所思所行，都在努力促进和积攒自己的尊严，这是“生而为人”的可贵的自觉。人的消费行为本身，极大地受到这种自觉的约束和引导。

深度思考这个问题，能真正明白许多强势品牌到底做对了什么，他们的汗水流在了哪里。

把思绪拉回到电商，店铺本身就是艺术品，优秀卖家就是创造艺术品的艺术家，消费者就是鉴赏家。

当看到本行业或者跨行业的顶级店铺的时候，能否生出一丝欣喜？为何要欣喜呢？

因为顶级店铺明确揭示了市场的空间和结构性的发展方向，生动地观照了广大消费者的行为和心理，并且完整地展示了达至杰出的方法和路径。

线下优势品牌的很多得当的策略是分散的，是不透明的，是差异化的，但线上的策略（结构和细节）是集中的，是透明的，是统一化的，线上是可挖掘的。

当看到行业顶级店铺的时候，会否生出一丝绝望？为何要绝望呢？

这绝望里，是看得明白、看得通透，闻着味儿就知道强弱的差异所在。

这一丝绝望里的正能量，更多的是埋藏了进取之心，也是因这一丝绝望，生出许多朴素的敬畏，倒更会战战兢兢，如履薄冰，诸事上心，不肯造作。一旦资源调配到位，取而代之成为行业新标杆的比比皆是。笔者不止一次说过，真正强悍的卖家，从不缺乏“谦逊”的进取之心。

进行逻辑链条探索的时候，需要暂时忘掉现实条件。如果时时处处拿现实条件做挡箭牌，则没有一条逻辑链条能够走完，也就看不见朴素正确的完整逻辑链条。成功案例的重点在于遵循朴素逻辑和克服现实条件，一味地遵循现实条件，妄想克服朴素逻辑，无一能够抵达目标。

不论是书法还是音乐，抑或其他艺术，最可宝贵的是两点：

一是结构。

二是细节。

缺一不可。

如果非要刨根问底弄出孰轻孰重来，笔者只能说，提出这个问题本身就是一个大问题。

结构是支撑细节的骨架，细节是填充结构的血肉。

话题聊到这里，像是在谈卖家的“欣喜”和“绝望”，不像是在谈什么“电商玄学”。

要谈“玄”，可以仰着头聊，也可以把头低下来聊。

若将店铺看作一个具有完整内循环系统的人体，用中医的整体概念去探查局部与整体的关系，这就有点“玄”的味道了。

一个网店，自打开首页起，从顶端滑到尾端，大致是能知道这家店铺的整体经营状况，明白其强在何处、弱在何处，这个玄不玄？

三家同行店铺，自打开首页起，多数人都能正确地把店铺的经营业绩进行排名，这个玄不玄？

一个产品能力和页面能力水准较高的网店，其实际运营方式反倒非常呆板，推广非常节约，也不刷单，店铺自己就能跑起来，江湖流行的招式人家一概不理会，像个“傻子”一样呆板，这个玄不玄？

其他一概不变，就因为页面做了彻底的改版提升，转化率翻一倍的例子比比皆是，这个玄不玄？转化率翻一倍的时候，自然流量也悄悄地跟着翻了好几倍，这个玄不玄？

很多赚钱的大卖家推广费占比很低，刷单零，价格还高，也不拉关系，活动资源不在意，什么权重、保护费、动销率等一概不管，这个玄不玄？

当然，还有另外一种玄，比如：

➢ 推广每个月耗掉100万元，请的却是每月工资6000元的运营，5000元的美工，这个玄不玄？

➢ 毛利40%，买流量心甘情愿耗掉30%，并且很自信地说“降低推广流量就下滑”，奉为实践的最高真知，这个玄不玄？

➢ 老板听不懂运营讲解的电商，运营跟老板解释不清楚名词，这个玄不玄？

➢ 相信这个世界上有可以少流汗水的捷径，相信流行性的操作方法可以抵达卓越的目标，这个玄不玄？

➢ 超级大卖家的操盘手一般都很谦逊，不大不小的卖家操盘手过半数都很骄傲，这个玄不玄？

➢ 许多消费者把消费支出的一半放在线上购物，却有品牌自以为很睿智地把线上路径当作广告，当作下水道，当作引流到线下的工具，这种想法在当下，玄不玄？

➢ 小企业相信“战略性亏损”，玄不玄？

笔者平常所讲，店铺有店铺的气质，这是指消费者个体总是在拿着本能的尺度丈量自己眼前的卖家的种种，是显性的，是立即兑现的。

进一步讲，店铺有店铺的气象，到气象这一层，是指广大的消费者群体持续赋予的卖家认同和心理待遇，是隐性的，是更强大的，是更持久的影响，却是更容易被忽视的。

再进一步讲，从店铺的基本情况看得见后面关于人的种种配置、认知、能力和执行状态。人是万物的尺度，物似主人形，此为向内观照。

“三才”指天、地、人，天是底层逻辑，是势能（比如产品结构、行业时机）；

地是切入游走的路径，是角度和方位（比如承载的路径、表达呈现）；

人是人事，是能人，是良将。

粗浅看起来，人似乎是最弱的一极。换一个角度，如果人懂天道、懂地道，那么，人真的是弱的一极吗？

中国文化的“三才”概念看似有次序，但骨子里是在说“天、地、人”是平等的。

有多少店铺只重人道呢？无视天道和地道的人道，能强得起来吗？

打开店铺里外上下细看，为“望”；

听老板和运营团队自觉讲述经营中的思考和实践，探查其思维起点和语言体系，是为“闻”；

寻根究底为“问”；

看数据为“切”。

“望”高于“闻”，“闻”高于“问”，“问”高于“切”。

实际上，这些一点都不玄乎，细节和结构上的观照，是十分明晰的，也是十分具体的。

同行在干什么，一个月仔细看一次就够了；平台在干什么，完全不必太在意。消费者的眼睛能看到的，能感知到的，能形成良好购物体验的一切作为，是“道”，是“一”，是“不二”。

最终，你会发现，平台正在默默地支持你。

第十八章

Chapter 18

误会有多深，电商就有多难

说企业做电商难的，则必须回身观照企业零售业务的竞争力：一则产品结构；二则组织结构；三则资本投入。

说企业做电商容易的，实在是辱没了能者的朴素智慧，更没有看到人家的辛苦汗水。

把复杂的问题简单化，或者把简单的问题复杂化，是做不好电商的。

本章说“误会”，当是慎重的字句，请看官务必仔细阅读，一如笔者仔细码字，是相互诚敬之意。

电商做得好的企业，其运营和管理风格反倒是显得呆板的，一点儿也不酷炫，一干人等只肯在后端仔细打磨，久久为功，为的是尽可能地让前端变得简单一些，让顾客更方便一些。电商做得不好的企业，后端倒是相当简单，前端则特别努力，常常期望顾客理解自己，日常的方法无穷变换，关键是不论前端如何地用力，还是起不来。

说大卖家也爱出门学习，当看见其目的是不一样的：一则是为供应链找机会；二则是为挖掘人才找机会；三则是为听听江湖里的事情，回去自我观照，并做好相应的防范。

中小卖家爱学习不？应该说是特别爱学习，比大卖家还要爱学习，只是很大一部分情形就是小卖家扎堆地相互学习，甚至就是冲着学“幺蛾子”去的，造作而不自觉，能学到什么呢？各自把困难说一堆，把平台褒贬一番，把奇葩案例拿出来浅浅地品评羡慕一下，最终的结论大都共识于所谓的“大环境”不好，回去还是老三样。年销 1000 万元可能就成了圈内的典范，是太没见过中国这一大片广袤的土地了。

“造作”二字便是将简单的问题复杂化，将复杂的问题简单化。

造作是罔顾底层本质，只见表面现象，专注研究表面上容易看见、容易理解并且容易做到的事情，忽视从底层逻辑上下苦功夫，颠倒了现象和本质之间的关系。

人是万物的尺度，做电商很需要倚靠“常识”，别看就这么简单的两个字，实则是化身顾客的视角的能力，用好直觉，朴素天真，可不是人人都会的；还需要不错的“理论素养”，组织结构需要理论框架支撑，否则上班都是一个个没魂儿的。

零售和顾客实在是太近了，和工业化生产制造完全是两码事。

说到人是第一位的，可以入正题了，这里头埋藏了多少的误会呢？

凡是会错了意的，或者不曾领会过的，或者领会得不够真切的，都是误会。

一、对“运营”的误会

➢ 年销 1000 万元的操盘手就是好的运营：可以去查一下天猫一年店均销售额是多少。

➢ 会标题、开直通车、商品上下架“三板斧”的就是运营：太肤浅！也太着相了！姿势大于内容。

➢ 什么“刷得狠的时候要增加推广预算，故意拉高流量来降低转化率，为的是安全”之类的秘诀都来了，“常识”都去哪里了？

➢ 电商运营的核心是流量：公号“朴素天真”内有一篇《子道：日销 700000 元，究竟凭什么》，可以好好看一看。流量大体是自由的，是不受控制的，应该看见线上零售中接触顾客的被动性，以及同行近距离竞争的残酷性，才能真切地明白“打造店铺竞争力”远比“找流量”重要得多，顾客“喜欢你”比“看见你”重要得多。

➢ 交给运营就可以了，老板可以甩手：有过这个经历的，基本都是有一肚子苦水的；想尝试这么干的，不久也会喝下苦水。

➢ 运营说的话老板听不懂就是好的运营专才：没有通俗的语言体系，不太可能是好的运营。一则是无能；二则是故意的。

➢ 大店是因为有厉害的运营：这话只对了一小半！还有一大半是因为有厉害的老板和稳健的团队！

➢ 网店一定必须有爆款吗？爆款占比越高越好吗？

➢ 运营是电商成败的关键：错，成败的因素是全方位的，是立体的。没有立体化的结构思想体系和细节思维能力，做不好运营。

➢ 运营必须什么都懂：错！运营的核心价值是深刻理解行业，洞悉消费者的结构、心理和行为路径，知道如何逐步构建业务的竞争力。

➢ 只要烧钱多，运营就能立功：马上就可以喝到苦水了。

➢ 电商是年轻人擅长的事情：少年英才有，但大盘子还是牢牢掌握在老家伙（30岁往上）的手里。

➢ 用人不疑，疑人不用，对运营要充分放权：首先你得理解运营的套路，判断其套路是否朴素，不朴素的，可以统统否决。

➢ 老板不应该对运营指手画脚：真实原因是老板觉得电商运营比较神秘难懂，没有破除神秘感，所以对运营的工作模块解构能力不足，提不出问题，更提不出新的要求，沟通上处于明显的心理劣势地位。

• 老板是知，运营是行，必须是知行合一。要知得真切朴素，知得笃实天真，便是行；行得明觉见性，行得省察幽微，便是知。

• 老板学着理解电商路径，不一定就能马上达成一个多么高的目标，因为制约业务发展的因素需要一个一个去克服，立竿见影的好处是能识别幺蛾子，能躲得了坑，这是经营安全的一个底线，要守住。

• 电商正在变得越来越简单，越来越朴素，越来越呆板，但对零售品牌和渠道的中后端的要求则变得越来越高。任何只见前端（店铺流量），忽视中端（店铺结构、呈现水准）和后端（供应链、组织结构）的电商都必将式微。

破除电商神秘感的办法：

（1）认认真真把《电商不难》读一遍，如果还是不行的，找子道。

（2）运营讲出来一个概念，你必须刨根究底问明白，然后自己判断这个概念的朴素含义是什么，判断运营对概念的解读和理解是否朴素。如果你觉得运营讲的话有点忽悠你的意思，很不幸，你的直觉很可能就是对的。你也别太生气，因为他可能是很真诚的，只是的确不太懂什么才叫运营。

（3）凡是把简单的问题复杂化，比如把流量和操作技巧放在第一位的；或者把复杂的问题简单化的，比如对后端美工、供应链不上心的，都不是正确的运营理念。应当以最精简的眼光看电商，并且以最多的汗水打造竞争优势。

（4）针对整体运营的关键执行动作，必须拷问：这件事情对消费者的价值是什么？消费者会产生好感吗？是否会无感呢？

（5）强迫自己把大量线下消费置换为网购（其实没有风险，不满意就退货），刻意锻炼自己的网购经验，使自己的网购经验变得丰富、有细节，并形成自己的网购价值观。然后把自己站在顾客角度所形成的价值观，去观照自己的店铺，去检验自己的运营执行。

➢ 只要坚持做，找到合适的人，就能把电商做起来：所有老板，都必须破除电商神秘感，除非不做电商。否则，无从判断运营计划的朴素性和可靠性，造作的、违背常识的事情会不断变着法儿出现，躲都躲不掉，轻则业务受挫，重则坍塌巨亏。

➢ 组织结构是运营的事情：错！这是老板的事情，否则任何人事动荡都是不可控的，对稳健经营可能是灾难性的。

➢ 老板要牢牢控制运营：得看情况，也得看人，对朴素可靠的事情束手束脚，也是把书给读哑巴了，反倒给运营节奏添乱。

➢ 行业第一什么都是对的：每个行业都存在行业性麻木的地方，就看你有没有本事挖得出来。

➢ 运营主要依靠技术：错！运营主要依靠思想体系，这个思想体系里，必须懂零售，必须懂行业，必须懂消费者，必须懂如何在竞争环境中构建优势。

（1）要跨越多行业去看见那些顶端经营得比较潇洒自在的自主品牌，看看他们的定力在哪里，他们为何不愿意采用市面最流行的运营办法，他们为何能对外界的竞争套路不闻不问呢？

（2）如果不从产品结构、价格梯度和整个中端的店铺呈现努力，单从推广和追求排名的角度，如何维持住竞争力？好比一个餐馆生意不好，如果不从菜品、餐具、服务、环境、灯光等角度进行改进，靠服务员出去派传单能解决问题吗？消费者认同的价值尺度在哪里？老顾客有价值尺度，新顾客就没有吗？

（3）从事一个行业，必须俯视一个行业，必须从更高的角度设计供给结构和呈现结构。如果只是摆出一副模仿、尾随者的姿态，如何能获得行业地位？如何能获得消费者的接纳？何时进入第一梯队？

（4）高度依赖推广、低价策略，一停下来销量就掉链子，是更加验证和强化了造作理念的正确性了对吧？利润不要了吗？什么时候是个头？

（5）在面对行业竞争的时候，冷静地问自己几个问题：你是不是比别人更好？你是不是比别人的场面更大？你是不是比别人更巧妙更友好？如果不是，那就是在消费者的眼前摆明了自己不如同行了，如此，流量算什么。

➢ 电商运营是有秘诀的：谁见过秘诀？要说有秘诀，也只能是抱持最朴素天真的经营理念，把结构做好，把表达做好，把服务做好，流量自然是少不了的，就这短短几句话，精、气、神俱佳的优势品牌是一听就懂，弱势品牌更要听得进去。

二、对“美工”的误会

➢ 美工的意识应高于技术：美工不是旁观者，是执行者，所以技术就是美工意识的天花板。

➢ 美工技术好就行：美工不仅仅是做图的，一定要培养美工理解运营策略，理解消费者的心理特征和行为路径，理解客服工作的痛点。见识过产品的设计、生产、工艺流程、检验、仓储、包装、运输、售后、退货等全过程的美工，做的详情表达会更加有生气。

➢ 运营和美工不对付是正常的：如果不对付，这里肯定有一个是拧巴的，或者两个都是拧巴的。两个都好，那是锦瑟和弦。

➢ 美工无须关注行业：美工是运营的笔墨，必须完整并且彻底地理解全盘业务，落笔才能有精、气、神，店铺与店铺的最高差别就是精、气、神，是不必近身就会在消费者的脑海产生撞击的竞争力。

➢ 运营是李白，美工是李白落笔而成的诗。美工是运营的呼吸机，是运营思想和意志的实践者。第一流的美工主管，可以瞬间转身成为第一流的店铺运营。最好的美工，都应该有一颗运营的心。

➢ 运营是建房的图纸，美工就是那座房子。不能把图纸画好的运营不是好运营，不能把房子盖好的美工不是好美工。运营远不只是在地上盖一座房子，运营是开着一台功勋越野车穿梭在广袤的大地上。

➢ 品牌的一个本质起源是顾客需要安全感，美工能给顾客塑造安全感。美工承担了对顾客的前期表达的所有工作，甚至把顾客直接送进“静默成交”的快车道，其分量要好好掂量了。“静默成交”是一个网店运营表现的最高贵形态。

➢ 美工不单单是“静默成交”的功臣，也是引导和推动顾客“发起咨询”的功臣，还是减轻客服接待压力，提升客服沟通效率的功臣，是提升实际运营效能和节约实际运营成本的大功臣。不能理解美工的价值，用不好美工而不自知，是巨大的误会和损失。

三、对“客服”的误会

➢ 客服交流的速度越快越好，沟通回合越少越好：得看是什么样的产品，复杂的、高客单价的，这么做是不行的。

➢ 客服一天接待的顾客数量越多越好：请体会一下客服上班的状态吧，再体会一下进店发起咨询的顾客的感受吧。

每天直通车烧 30000 元不心疼的，客服每天上班接 300 个顾客的店铺，好好想一想这件事情。

➢ 静默成交统统跟客服没有关系：如果是昨天咨询，今天成交的呢？里面埋藏了多少个假静默算得出来吗？

➢ 价格不高，不复杂的商品，静默成交占比低于 75%，甚至是咨询成交占了大头，则必须马上检讨店铺，检讨运营策略和美工了。糟糕的运营策略会让美工的工作像开一台轮胎瘪了气的车，糟糕的运营策略和美工设计则会让客服工作像开一台轮胎瘪了气的车。

➢ 客服收到的问题，就是店铺的消费者画像典型，对运营规划、页面规划和细节、推广方式等都有很好的借鉴意义。

➢ 把顾客带进店不容易，顾客没有悄悄地离开也不容易，发起咨询的顾客对于店铺来说都是“点球”，如何让客服引导、控制住顾客，是一件很要紧、也很值钱的事情。

➢ 客服非常得忙碌，闲不下来，又是直接面对顾客的，还要面对很多恶言恶语。那么，如何让客服每天快乐地上班和下班呢？这是一件值得考虑的事情。运营和美工的工作相对是静态的，客服的工作随时随地都是动态的。

➢ 发起咨询的顾客，很可能是新顾客，新顾客特别需要安全感，如何给他们信心，如何给他们安全感呢？市场的扩张不都是来自新顾客吗？

➢ 为什么老板亲自上线，转化一般很高，而客服上线却比较低呢？客服对业务的整体状况、结构和细节熟悉吗？他们的自信心、控制力从何而来？他们的主人翁意识从何而来？公司有人对他们提供过相应的帮助吗？效果如何呢？有没有持续改善的管理文化？

➢ 让每一位客服都理解公司整体的运营思想、运营状态、运营数据，让每个人都认识到点滴积累对一个公司的价值是什么，你会发现，客服团队里也能生长出运营类人才。当一个客服以运营者的心态服务顾客的时候，会带来什么变化呢？

四、对“仓管”的误会

➢ 不论前端干得如何漂亮，消费者的所有判断都取决于收到的包裹。不论前面的工作如何出色，拿到手里的东西撑不起顾客的价值观，想要做得又大又强，也是不可能的。

➢ 产品的竞争力是一方面，产品的包装是否具有优势呢？敢不敢用全行业最好的包装？包装袋是快递公司的还是自己的呢？面单有没有指定的张贴位置呢？

➢ 仓库有没有整理出来一个干净的小角落，方便仓库的工作人员休息时间小坐休憩呢？

➢ 在仓库和车间轮岗过，执行过包装、打单、退换货的运营、美工、客服是不一样的，试过吗？

➢ 仓库主管是什么风格？是千斤重担累不着的类型，还是百斤担子忙晕头的类型？仓库的日常工作是张弛有度，还是忙则忙死，闲则闲死？

为了企业的安全运营和长远利益，也为了员工的可靠成长和长远利益，团队内全部岗位的人员都要有意识、有计划地安排轮岗实践，只有对每一个岗位和工作模块都有了切身的体会，才有可能对整盘业务产生较为完整和朴素的认识，成就人的全面发展。这是企业组织结构梯度发展的必要，也是组织结构安全延续的必要，更是企业内部管理型人才的成长之路。

能够日常化统合一家店铺所有工作岗位的沟通模式，就是店铺运营日记数据表，让所有人都看得懂，并且都会填写，让每个人都有一颗运营的心。这个工具，就在本书里。

真正做得好的店铺，和线下的优势零售品牌是一样的，绝不是依靠某一个长处的缘故，非得是能者处处能才行，上上下下都高出同行一大截，当中有源点的愿力，也有分支的自觉。

自然地显现出一股子稳稳的真气来，运营的节奏也能完全由自己控制。消费者虽然知道得不那么真切，而对信任的加码却是实实在在的。零售品牌看不到这一层，想要在中下圈层的市场里保持独立自主的竞争力，也是不能的。

如果读这本书觉得有点辛苦，那就对了！

第十九章

Chapter 19

纯真的电商

为何将标题写作“纯真的电商”?

原因是希望本书的观点更多带有客观“发现”的视角，少带一些主观“发明”的造作色彩，笔者的确不认为自己能够发明什么新东西，尤其是从所谓的“智慧”角度能够发明什么新东西，所有事物原本都是朴素天真的存在。哪怕是发明创造，归根结底也是一系列遵循自然规律的“发现”堆叠出来的。

古人讲“道德”之性，说的是人对“道”本身的认识、理解、接纳、遵循和把握，和我们讲的道德品行完全是两件事情。

“道德”高，则“智慧”大，最终两者是一体的。哪怕是做慈善，不讲究道德尺度和智慧方法，都容易害别人，或者给自己招来恶名。圣人注重以“仁”为大根基，此为“大仁”，也讲“天地不仁”和“圣人不仁”，此为“小仁”。光一个“仁”字，一辈子也讲不透。四书五经原是极好的东西，有志于做事业的朋友不妨挤出一些时间去读一读，循序渐进，探其幽微，有无限风光。

好书如良医，良医问病，见身又见性。

言归正传，按条罗列：

一、电商平台格局稳固

阿里巴巴仍然会长期处于绝对的领导地位，所谓的路径优势在生态优势面前没有任何胜算。

阿里巴巴最了不起的地方，就是最大限度地释放出整个中国市场买卖双方的所有智慧和能动性，平台不对消费者端施加体感明显的造作行为，建成最广泛的零售生态圈，这也是其他电商平台在不断模仿学习的，但基于阿里巴巴具有牢固的先发优势，只要阿里巴巴保持警觉和精进，几无被撼动的可能。

在笔者看来，阿里巴巴的电商零售模块本质上不曾有过特别大的改变，如果说有，其实也是遵循开放生态大原则下的细节精进。阿里巴巴的精进改变，并不是拍脑袋造作的，是对供给端和需求端结构变化和发展阶段变化的反应和调整，目的是更好地对接买卖双方。

零售品牌在次要平台的业务量超越了主流平台，这本身可能是一个竞争角度的问题。

牢牢拥抱阿里巴巴和京东两大平台，不丢人。

二、零售品牌格局巨变

不论从生产制造角度，还是从零售角度，由分散走向聚合都是必然，这是工业化效率的内在要求。线上线下都是如此，是平行的。

优势企业正在引领两个明显的变化：产品效率 + 审美提升。

也就是说，市场的某一特定需求容不下太多的品牌，最终都要面临组织能力之外，涉及资本能力的终极竞争，一流人才也会不断流向大品牌。

大多数模仿、尾随大品牌的小品牌没落是必然的。

小品牌的出路在哪里呢？只能是小需求领域，但是蛋糕不可能做得太大，应知足，莫冒进。

另外，零售渠道也会越来越聚焦。

电商具有天然的反渠道特征，第一反的便是旗舰店、专卖店等之间相互倾轧，推动渠道的办法应该是产品错开、确保产品深度、严格控价，这样才能够支撑赛马机制的运行，否则都是上下一起自寻烦恼。

主观恶意以鱼肉渠道为经营重心的零售品牌是可耻的。

如前所述，品牌运营水平的成熟度高于零售市场的成熟度，则品牌的零售生意相对好做一些，经营目标的确定性较好；

品牌运营水平的成熟度与零售市场的成熟度不相上下，则品牌的零售生意容易面临较大的波动，经营目标的确定性不足；

品牌运营水平的成熟度弱于零售市场的成熟度，则品牌的零售生意相对比较难做，经营目标的确定性较差。

伴随零售品牌不断聚焦的，是资本也越来越聚集。资本越是聚集，越要学着为天下计。

三、电商不是万能的

电商发展到现在这个阶段，还是有一些行业或者产品是很难在电商路径发力的。

比如家装，其复杂度太高，信息标准化难度也高。特高客单价的玉器、古玩、奢侈品等，消费者还是愿意线下看货。

并非将帅和士兵无能，主要是需要往构建消费者信任且执行简便的路径上思考，这是必须克服的困难。

行不通就认，砸钱换量的事情不值得做。

四、路径的妄念

零售品牌在主流平台受挫，容易不自觉地将责任归于平台风格不适合自己、平台不够爱自己，或者归咎于平台选择失误，转而对非主流平台产生执着的妄念。

非主流平台在逆袭的路上又是无法轻徭薄赋的，弱势品牌必须以更大的牺牲精神来助力非主流平台，共同做一场梦。万分之一可能下，非主流平台逆袭成功，必定仰赖优势品牌，相互“投怀送抱”。弱势品牌依旧会受挫，梦醒。无一例外。

选择优势平台路径，从来都不是问题。始终只有一件事：强或弱。

一般来讲，弱势品牌更固执，也更骄傲。原本是有机会达到几千万的规模，却总是在几百万的级别里打转。他们很努力地卖货，很努力地变换营销方式，诸事无常，但对其产品、产品结构和售卖场景等表现出令人难以置信的麻木和无能。

非主流平台的销量大于主流平台，对品牌来说不是好事。

五、电商零售基础逻辑没有变，也不会变

2014 年，笔者出版了《电商不难》，现在还不断有人买去读，里面的

理论和实践还没有过时，原本写的就是基于消费者的价值观和行为路径，消费者不变，这些理论就不容易过时。

很多企业老板认真读了《电商不难》，现在认真读《中国零售》，都获得了巨大的理论指导优势和实践方法优势，知道哪些汗水不能省，知道哪些钱不应该花，知道电商课要怎么听，什么东西有用，什么东西叫“作死”，分得清清楚楚。

有一件颠扑不破的事情是，“真”的东西通常简朴而深邃，绝不酷炫且流行。

做电商需要沉浸地思考清楚零售中不会变的东西，大卖家一般是拿地图俯瞰全城，小卖家一般是街头问路。

虽说有“幸存者偏见”，这不过是一个很有语言技巧的说辞，真的做大了的，没有一个是侥幸的，也不靠拉关系，也没有什么酷炫的独门绝技，都是城寨坚固，擅长打呆呆的胜仗。

大卖家比较敏感，还比较朴素。小卖家也是很敏感的，但是不够朴素，总是往错误的方向持续努力，小卖家群体的偏见才是真实而牢固的。

电商零售逻辑其实非常朴素和简洁，完全没有必要把这东西整得跟黑客科技一样，极尽酷炫之能事，将电商零售神秘化、妖魔化。

建设品牌网店就像是组装一台跑车，从诸如结构、底盘、发动机、传动件、制动件、内饰细节和组装工艺等方面下功夫。

深刻理解“产品和产品结构”的基础支撑作用，彻底弄懂“页面呈现和路径设计”的价值，是做好电商零售的两只脚，其后才是考虑如何接待自己的顾客，最后才能抵达流量“多多益善”这件最流行的事情。

不计投入的推广绝不是一家强健店铺的正常成长轨迹。

战略性亏损的成功故事，多数是被曲解了的，甚至是不真实的。

六、执行团队的零售理论修养

这个问题在老板层面一般不大，但是在运营执行层面常常出现严重的理解偏差，各位老板可以这样跟团队的人解释这个问题：

实战上升为经验时，已经化身为理论；理论细化为动作时，已经化身为实战。

实战不可以是死板的，理论也不可以是死板的，当一事一议，顺应现实资源条件和阶段，细化结合，这是理论具有实战价值，实战经得起检验的必由之路，这便是逻辑。需要注意的是，必须是正确的链条才叫逻辑。链条没有走完，什么都可能出来，甚至连链条本身都不是死板的。

案例的价值是理论提炼、借鉴和变化，绝不应该是实战的复刻，否则便是陷入了“案例陷阱”，无一例外受挫，不可不察。

理论和实战都需要符合实际条件，符合当下的逻辑，才有价值。追求其“正确性”当是执行者的本能和目标。理论和实战没有天然的鸿沟，概念名称有差异，实为一体。

虽然只有结果是终极证明，但仍然要一事一议，预其成败在先，需要战略果敢。虽然要一事一议，但还是练习逻辑，力求朴素天真。

理论和实战都臣属于特定的“人”，归根结底，正确不正确，功过都归于“人”，不归于理论或实战。拒绝理论修养者不堪大任，失败后拿理论背锅者更不足挂齿。

做企业，必须注重理论学习，多读一读不会死的书。

作为老板，必须要求执行团队提高电商零售的理论素养。

七、不可忘记：消费者是鲜活的个体

一定要把千千万万的消费者当成一个有机体看，默认消费者对整个市场的供给结构是有完整性认知的，剩下的就是你的品牌不怯于任何对比。

所有以“流量”为核心的运营思路，其内里都没有把消费者当活物看。

能够把消费者当鲜活的人看待，是非常重要的意识，更是非常重要的能力。

任何消费者没有体感认知的操作，都不是最本质的东西，都是无济于事的。

任何钻研平台漏洞的思路，都无异于饮鸩止渴。

把消费者群体碾碎了当作无脑的单细胞生物看，只能说学问太浅了。

消费者是鲜活的，零售卖家当以赤诚、鲜活、饱满、聪慧、温和、散发香气的商业姿态待之。

八、不败的组织建设

做电商零售需要老板、团队都能沉浸朴素地思考线上零售特性、线上竞争特性、线上消费者心理和行为特性、线上产品分类和产品深度价值、线上场景打造和路径优化等问题，方方面面都要有一个相对完整且具有线性发展的完整性认知，若是偏了，或者只注重抓点、线或者面都不行，必须抓主体。

老板有朴素天真的认知，才有可能考察团队、驾驭团队、提升团队，把业务做稳做强。

每一位老板都希望手下有强悍的人，如何识别来面试的人中谁是真正强悍的人呢？如何管理他们呢？一则是出大钱；二则要让他觉得你的领导魅力比他大。

事实上，很多老板因为不谙熟线上零售逻辑，也惧怕学习那种神秘感，花大价钱请来一个半桶水的人，这个人很努力地整出来一堆新鲜酷炫的名词，用各种神秘的语言体系把老板唬得一愣一愣的，让企业白白亏掉了宝贵的时间和大把的金钱。

潜心研读《电商高管私房课》，你将不再被蒙蔽双眼，本书十分通俗，每一位老板都能读得懂。

从上到下，都要追求“朴素”。

上才难求，其重在德；中才难驭，其重在赏；下才难慰，其重在公。

九、下苦功夫，用笨办法

大卖家是真正的老师，就看你有没有决心去拆解和看懂，你得透过一家店，看见背后的人，看见他们的思想，这才是一个店的根器所在。

从一家服装品牌的连锁门店，能看得见董事会的调性。

有志把电商零售生意做大的人，建议你来杭州的时候抽一天恰逢周末的时间出来，一个人冷冷静静地把杭州城西的西溪印象城（离阿里巴巴园区大约 6 千米）完整地走一遍，从 B1 到楼顶都走一遍，那些人多的店铺都进去绕一圈，把地面和楼内的停车场也走一遍，把你看到的所有商业供给画出来，多拍点照片、视频，然后思考为什么这座 MALL 会是整个杭州产能最高的商厦。

要得真知，必须下苦功夫，用笨办法，别太自信。

格物致知，你要去格大品牌的旗舰店，也要去格成功的线下的店铺或者商场，你甚至可以去格一座城市，或者一个行业。

不能俯视一个行业，你就别做这个行业。

自信的基础应该是“自然之道”，自信的基础是“自我”就麻烦了。

说是“止于至善”，当知“至善”不可及，那么，何来“止”?

附录1

Appendix 1

坚固的互联网“注册壁垒”

互联网经济亟须统一用户端的入口，形成统一的大生态。

互联网的发展变化尤其快速，互联网产业及其配套的发展贯穿整个时代的各个角落，由互联网衍生出来的创业梦想和财富梦想激发无数人和大量资本的活力，当然也有许多悲壮的挫折故事。

一、什么是互联网“注册壁垒”

我们先来畅想这样一个画面：

一个互联网的新用户，在中国互联网用户身份登记中心进行了实名认证，取得一个终身的互联网用户身份，并将这个互联网身份绑定了自己的身份证信息、银行账户、收货地址、邮箱等。随后，他可以自由自在地在中国辖下的任何一个网站直接进行网购、发微博、付费看视频、聊天、发邮件、发帖、评论，不再需要在各个网站重复做各种注册和登录的时候，他是多么自由啊！

在互联网如此发达的当下，用户在各个网站的频繁注册、认证、登录已经严重影响用户的使用效率，也阻断了许多应用网站的发展前景，零售品牌也不得不在各个互联网电商平台重复开店，相互内耗。

互联网平台加强了社会供给与需求之间的连接，同时也在这些连接之中设置了重重壁垒。

这个壁垒，就是互联网的“注册壁垒”。

消费者的痛点，就是不断地注册、不断地验证、不断地管理密码、不断地切换登录口径。

许多雷同的应用场景，经常形成一家独大的竞争格局，这种过度的集中化对于充分的竞争制造了新的围墙，供应和需求之间的连接受到最原始级别的阻挠。

从互联网用户的角度，用户不愿意注册太多的网络用户名和设置烦琐的密码，许多平台的注册规则还有差异，记忆和管理这些用户名和密码是一件十分恼人的事情。如果有可替代的网站和应用能够执行用户的实际需求，则用户流量的指向性几乎就是铁定的。正是用户的“慵懒”（或者叫“效率需求”）决定了互联网巨头越来越大，用户越来越集中。

消费者好不容易出现在一个网站上面，刚要做点什么实质性的应用动作，发现还要进行一轮完整的注册，立马意兴阑珊，转身离开。对于用户来说，再小的路径阻隔都是巍峨的高山。

互联网用户在选择应用平台的时候，第一个去处成为“必然选择”，第二个去处成为“补充选择”，第三个去处成了“偶然选择”，越往后，就越偶然。这是由用户的“效率需求”决定的，成功的平台往往聚集最大量的用户。

二、互联网“注册壁垒”的危害

“注册壁垒”的三大危害：

➢ **阻碍互联网创新：**新的互联网应用创新缺乏用户导向基础，没有流量就没有未来。

➢ **推高经济运行成本：**大平台的垄断地位推高互联参与者（需求和供给双方）的互联成本。

➢ **降低了经济运行效率：**“注册壁垒”本身是背离互联网的开放本质特征的。

因为“注册壁垒”的限制，新网站获取用户变得异常艰难，基于复制逻辑的平台创业项目很难取得成功。若是一头栽进“送券”“低价”等烧钱引流的怪圈，结果只不过是把损失扩大化而已。

有意思的是，许多终将失去一切的后进项目扮演了鲶鱼的角色，驱赶着最顶端的先驱平台不断提升，让先驱平台变得越来越强大，而“注册壁垒”也由此变得越来越坚固。无线端和PC端的平台化创业项目大约有99%都是无效复制。

一个用户想要看一部电影，或者下载一首歌曲，常常会发现自己注册和购买会员资格的平台没有上线，许多平台为了建立自己的闭环，并不开放单片或者单曲的购买路径，用户将会陷入是否在其他平台继续注册和购买会员资格的尴尬和纠结。这对于用户来说是一种显性的，却没有什么必要性的折磨。

这便将具有完整性的市场需求进行了人为的切分，没有证据表明这种切分会将市场做得更大。相反，这种切分降低了交易效率，增加了交易成本。这种切分与线下A店无货转身到B店购买有本质上的不同，因为线下只要持有人民币都可以便利地实现购买，人民币就是有效的通行证，而线上购买行为则需要与注册、实名认证、支付绑定、消费资格等因素进行捆绑之后才能够实现。

“注册壁垒”不解除，互联网创业就是一个杂乱的世界，绝大多数的应用都会因为缺乏实际用户而破产。零售品牌疲于奔波在各种交易平台重复执行业务，并不断受制于平台之间的无序竞争，消费者的时间和注意力也被无限碎片化。

这种局面看起来像是互联网平台企业的垄断行为所致，但不能简单地将其认定为是垄断。与通常意义上的垄断不同的是，这种垄断是市场的原发性生长结果，并且这种所谓的垄断能够在可预见的未来由市场通过自身的运行逻辑来消除。

三、如何破除互联网“注册壁垒”

有什么方法可以破除“注册壁垒”？

正如银行有许多家，央行只有一家。在一个经济体内的货币需要统一，互联网也需要有一个“央行”，需要统一的“货币”，即统一的登录方式。

每一个互联网用户只需要注册一个登录账号（登录账号实现实名认证、支付绑定、手机绑定、邮件绑定、收货地址绑定等）、设置一个登录密码（或者指纹扫描、动态密码等），每次上网都从一个统一的入口进入，该入口的每一个网站和应用都接纳用户的这一套账号和密码。这个入口就是互联网的“央行”入口。

用户在浏览网页和一般性的应用时可以不需要实名登录，用户可以不必从入口登录；而比较重要的应用场景（比如支付、购物、社交互动等）中则需要实名登录才能够使用。

这种统一入口的建设是在重新构建一个互联网路径，重新构建一种互联方式，其最大价值在于重新开放和再造互联网，使零售品牌、互联网应用、视频、社交、论坛等网站真正融入每一个用户的日常可选项，让真正有价值的信息技术产业得到最底层的基础性的支撑。

一次登录，用户可以便利地游走各个网站，进行各种类别的实际应用操作，这是极具吸引力的互联网生活方式；各个品牌再也不用面临品牌自营大官网卖不过平台小网店的尴尬，才能够真正开启全网电商时代；许许多多优秀的小网站也能健康良性地生存和发展下去。

起初，“统一入口”会受到新网站和小网站的热烈欢迎，会得到各品牌商的支持，也会得到互联网用户的支持，但一定会遭遇互联网大平台的强烈抵制。

一个账号通达的登录方式目前已经有一点点端倪，但总体仍旧混乱和缺乏号召力。多数条件下，这种一个账号通达登录并不是开放的表现，倒更像是投降和更加巨大的垄断壁垒。

破除“注册壁垒”，建立“统一入口”，其意义可能远不只是一种互联网生活方式的改变，更像是搭建国民经济的基础设施。仅有人力、物力的投入是不足以支撑的，最重要的是需要有立法的强制支持，立法支撑的核心点在于“统一入口的用户实名制”和“法律管辖范围内的网站端口接入统一入口”，最终实现更新的、更高效率的互联方式。

统一入口建立之后，不仅可以实现为中国区域服务，也可以往国外扩散，注册用户都可以纳入这一个体系。其实，对用户来说，两个收款二维码都嫌多。

所有做互联网创业项目的企业都要仔细思考“注册壁垒”这件事情，一定要谋求具有底层需求差异优势的项目，简单地将所谓的“供应链、价格、效率”等优势看作互联网创业项目的竞争力是很危险的，简单的互补业务和鲁莽地投身竞争是资本的巨大风险。

移动端兴起之后，互联网零售业务的基础性逻辑仍旧没有改变，因为主体供需双方仍旧是相同的，供需双方连接方式的改变并不能对市场版图造成结构性的影响。移动端相较于 PC 端甚至显现出更聚焦的特点。对消费者来说，有足够意愿去进行下载、注册和使用的 App 并不会太多，这比起 PC 端的收藏夹应用也没有显现出意愿上的优势。

记住这个概念，不管你看不看得见“注册壁垒”，它都是一个凶狠的存在。

在“注册壁垒”这个问题没有得到解决之前，互联网的同业“百花齐放”就无法真正实现。

笔者相信，互联网的“注册壁垒”在未来一定会消失，因为这是社会运行效率必然驱动的发展方向。

附录2

Appendix 2

电商运营散记

（1）潜下心来，仔仔细细看一看行业里的那些大店铺，有没有是靠技巧上位的，有没有看见他们的智慧、汗水和意志？

（2）好比说打仗，往往在开战之前，大多数都胜负已分了，99.9%都是以强胜弱，赢得没什么看点。但是，广泛流传下来的战争故事，基本上都是那0.1%以弱胜强的故事，还必须得是较强的一方犯下致命的失误来配合才行。

历史上，赢下了99.9%战役的将帅们，往往无智名，无勇功。至于不败不战之镇国大将军，更难留名。热爱学习的人们，有多少在对0.1%的战争故事刻苦钻研？

（3）零售品牌的魅力在于品牌自身看起来更有文化内涵，与消费者的审视期望达至认同度上的同频，实质也是消费者端的比较性好感。

这种好感完全由顾客端自主判断、自觉生发，零售品牌自己是不能做过多直白性的宣示的。否则，会显得用力不当，甚至用力过猛，结果适得其反。

大多数优秀的营销广告，都像是T台上的模特从你身边走过，但并不主动跟你说一句话。

营销上的无为无不为，放在不同的零售品牌身上，其适用性基本不具有普遍意义。归根到底，消费者仍然是要裁度零售品牌的方方面面。竞争优势从来都不是单一因素决定的，比较优势从来都是系统性的一个结果。

物性饱满，神性庄严，鲜活有常，笃定呆板，是零售品牌的第一等气象。

底子厚实，执行稳健，才有可能笃定呆板。

（4）品牌营销的不相干原则：品牌营销的根本性能量生发于顾客群体的自觉。

品牌朴素地通过产品、服务和场景等征服顾客之后，顾客便会自觉地捍卫自身的消费选择，强化和提升消费行为的价值认同，并从智力、审美和道德角度助力品牌的长期成长。而这一切行为和内容的发生，品牌方都不必直接参与，也无法直接参与。这就是品牌营销的不相干原则。

（5）每次去某家袜子店里买袜子，翻找纯色系并不是一件很容易的事情，满目都是各色花样妖娆的袜子，纯色系少得可怜，尤其是纯黑色的。

问店员，店员说，现在花袜子卖得好。

从销售数据的归拢来看，也的确是这样的。

笔者一度怀疑是自己穿袜子的风格太呆板了，于是笔者做了3件事：

①随机观察和询问了30名成年男性，只有3个人的袜子是花色的；

②群里和朋友圈问，8成的人是要买纯色系的袜子；

③网店销量排名靠前的店铺，发现纯色系销量更好。

那么，可以脑补一下袜子店的故事了：

纯色系数量少，上架后快速卖光，大多数顾客就只能买花色系将就了。

于是，店铺盘点统计，纯色系占比非常低，花色系占比非常高，品牌便强化了花色系的供货，更压缩了纯色系的供货；

因为供货端的计划性压缩，进一步减少了纯色系的供给，导致纯色系的占比始终非常低；

数据分析正在循环往复地证明一件事：纯色系袜子不好卖！

那么，成年男性顾客为什么那么爱在这家店买花色系袜子呢？

答案是：被逼的！

（6）“品牌”这两个字，做量化解析的动作，看似很科学，其实是伪科学，反科学。

品牌，归根结底是“消费者端”所有认知和感受的总和，非“消费者端”的定义都没有实际的意义。

品牌天然地具有非常“人格化”的锚定特征，是品牌的产品、服务、场景、结构、细节、商业姿态、文化等一系列作为的结果的总和。

单纯地、直接地、显性地建设所谓的品牌人格，无异于本末倒置地直接立牌坊。

品牌压得住牌坊，则牌坊自立；牌坊人为地托举了品牌，则牌坊倒，还要砸在品牌的脚面上。

第一流的品牌，都成功介入了消费者的精神认知领域。要抵达这个高度，不仅要有高超的文化建设能力，更要有诚实可靠的对价努力作为稳固的基础支撑。

（7）一定要印上FASHION（时尚）才FASHION吗？

(8) 产业发展变化的方向，必定是产业集中化。

所谓的碎片化、去中心化，不管听起来多么有趣，多么高尚，多么惊世骇俗，都不可能是真相。

于电商路径而言，更加是风雷烈火。

供给侧会越来越集中化、平台会越来越集中化、渠道也会越来越集中化。

个性，不可替代才有未来，千万别简单模仿。

(9) 市场供给的结构和细节，越来越趋于成熟，线上和线下的产品、价格、结构也越来越趋于类同，这种不可逆的变化预示着电商的深层次变化。如果说供给端的深刻变化还不足以形成强势卖家（供应链）砸门的恐怖效果，那么当前需求端的“主观决策心理”和“客观行为路径”是否已经起到了严肃的提示作用呢?

消费者在这么多年的网购经验中所形成的挑拣本事和直觉能力再也不能被忽视了，因为这实在是太普及了，也太稳定了，而且是不可逆的。

其结果是，卖家之间无须砸门叫板，消费者会自觉地帮着把这活儿给干了。谁看着更有气场，就买谁的账。供给端两极分化的速度越来越快，快到令许多中上段及以下卖家们喘不过气来，各种折磨自己也折磨别人的老办法不仅没有降温，反倒变得越来越惊世骇俗，只是过程和结果越来越痛苦。此为顶部挤压的势能，无可躲避。此非平台的缘故，乃是供、需双方的对接中，消费者正在普遍学着避开消费决策的“风险”。

也就是说，电商不是在变得越来越酷炫，而是在变得越来越呆板，越来越高效，也越来越成熟了。这个“呆”字里面，是饱满的细节和深度的严谨。

每一个流量都代表着一个消费者，消费者是鲜活的，要把他们当人看，他们每一个人都有自己的智力自信，有自己的审美自信，有自己的道德自信，要尊重他们。不把消费者吃透了，永无出头之日。

毫无疑问，电商零售正在变得越来越精细，快过很多卖家的想象。

不要凌驾于消费者的智慧之上，不要凌驾于比你更优秀的同行的智慧之上，也不要凌驾于平台的智慧之上，那可能都是徒劳。失敬的欢喜，也不那么容易够得到了。

周遭问了三五人，听了七八个说法，就确信总结出来了全行业乃至全平台所有高低卖家的逻辑、执行和所谓变化趋势，这不科学。顶端卖家几乎都是呆板的，对市面流行的操作方法可能是听都没听过的。越是超一流的卖家，越是如此。

现实的困境人人都有，就看谁还能憋住一口真气，尊重逻辑，克服短板，久久为功，知道进一寸有一寸的欢喜，这是唯一可靠可行的方向和方法。

越是流行的，越不可能是真理。很简单地说，武功算是抵消了，可见不是什么出路。

就算有了青冥剑，玉娇龙也还是打不过李慕白。李慕白不给让道，青冥剑又有何用？

这么大的盘子里，是谁更显得骄傲？尊重短板就是真理？克服逻辑就是勇气？行得通？

到底是：逻辑有限，细节无穷。

要找到出路，怎么办？

少学！多看！深度思考！

然后，观自在！

（10）说一千道一万，不管在维护“流量”核心的道路上展现出多少惊世骇俗的理论和技术，都无法替代店铺自身竞争力的原动力。

万千顾客，尤其是主流顾客，终究会依靠其自身的智力自信、审美自信和道德自信做出符合其心性和直觉的选择。

不要凌驾于顾客之上，不要有失敬的欢喜。

个体的差异表现说明不了结构性的趋势。

学苟知本，六经皆我注脚。

（11）电商经营的逻辑说简单也简单，就两条：

①电商零售是全方位的、彻底的竞争问题。

放下店铺竞争力的问题，专心追求“流量”，其实就是不承认电商是近身肉搏的竞争问题。所谓的成交都只能是偶然性的成交，不具有市场占有的必然性。

②电商竞争的权重首要掌握在消费者的手上。

也就是说，消费者的面前除了有你的店铺，必定还有另外一家或好几家其他店铺，最终是消费者选择谁放弃谁的问题，每一单成交几乎都要经历这个过程。顾客的需求是明确的，是否钟情于你则是不明确的。对这个消费者做判断和取舍的过程不管不顾，专心追求“流量”的数量，是不把流量当人看。同样，所谓的成交都也还是偶然性的成交，不具有市场扩张的必然性。

消费者真心喜欢你，平台绝对不会跟你过不去。

这么讲，算不算是干货？

再往上细聊，就是如何结构性、系统性地研究供给端、需求端的问题，则会更加宏大，也更加幽微，甚至是形而上的。做电商需要非常强的系统性，操盘者的理论素养必须过硬。轻轻松松简简单单就想掌握电商经营的法门，就要掌握干货，凭什么呢？这是妄念。

真正的干货是圆融的、抽象的、有变通能力的，是有形的，又是无形的，也最不像干货。

（12）过去 5 年，电商零售的发展变化有一个最核心特点：

线上市场版图不断复刻线下的市场版图，这是市场不断自觉地趋向结构性的统一。

未来 5 年，电商零售的发展变化会不断强化这一结构性特点，因为线上的买卖双方的对接模式大大摆脱了碎片化接触的困扰，中心化的接触使得优势供给端与消费端的障碍一扫而光，并依靠无极限的系统成交效率，形成越来越明显的通杀效应。

对于绝大多数的中小卖家来说，这是一个生死攸关的时间节点，就看能不能看见这一层，并理解这一层。

中间段位的卖家的命运，要么是进化步入第一梯队，要么是退化沦落到底层求存，中间段必定会越来越空心化。

以上都是不可逆的变化趋势，任何人为的干扰都无法阻止。

莫谓言之不预。

（13）SKU 深度为什么重要？

因为“场面”很重要！

线上和线下是一样一样的！

动销率不！重！要！

要的是个调调！

（14）路径不同，价格则不同。

这是营销上的作为吗？

非也。

价格不统一，是对消费者的羞辱。

然后呢？你看得见不？

线下模式，北京的定价对上海不会有太大影响。

但线上呢？

账，不可能算到平台身上，统统都会被记在品牌的账上了。

品牌想，反正出货价已经谈妥，物权和定价权已发生转移，乐得个轻松！

果真如此潇洒？

非也。

要么，控价；要么，错开产品。别无他途。

今时今日，要朴素地弄懂互联网，坚定地持护品牌的端仪。

（15）进行逻辑探索的时候，需要暂时忘掉现实条件。

如果时时处处拿现实条件作挡箭牌，则没有一条逻辑链条能够走完。

成功的商业案例的重点在于先遵循了朴素的逻辑，再克服了现实条件；如果反过来，只遵循现实条件，妄想克服朴素逻辑的，无一能够抵达目标。

（16）牢记六个字：结硬寨，打呆仗！

（17）良医问病，见身又见性。

（18）消费者对零售品牌的审美：

在一定的时间轴上，通过零售品牌的外在细节和结构所融汇而成的“场（货+场）”的总和来获得零售品牌相对清晰完整的道德（道：经营底层之恒道；德：对道的认识、遵循和实践）水准画像，并由此产生对零售品牌及其所属组织的精神意志的认同和喜恶之情。

（19）人类为什么会有审美的需求？

审美是天赋的本能，是对“道”的遵从和自觉。

审美是对自然和人工的结构、细节、完整性的真诚赞美，这种赞美是对“生而为人”所能具有的自主意识和精神意志的自我肯定。

审美的底层喜悦源自对自身理解力和感受力的自我欣赏。审美的根在于人的自我肯定的本能。

审美的核心目标是愉悦自己。

饱暖有审美的行动，饥寒也有审美的渴望。

审美的范畴不仅仅包括狭隘的美，还包括智力、文化、道德、技术、真实、自然崇拜等。

（20）“虚”与“实”：

“虚”不是凭空来的，“虚”居于高处，是对“实”的完整性囊括和根本性认识，是应万变的无形之道。

“虚”的目标是“实”，不是清谈闲扯。

片面地认为由“实”向“实”才是所谓的“干货”，实在是很严重的误区。

（21）经营得当的电商企业之所以能够快速爆发，是因为电商能以小生意的组织结构对标线下大生意铺陈复制的经营结果。

电商将市场交互汇聚于一个点，这是经营效率上的巨大提升。

同时，电商将竞争环境也汇聚于一个点，这是竞争烈度的大幅度升级。

消费者在线下对于产品、产品结构、售卖场景、售卖人员等的所有审视，在线上统统都浓缩为对品牌网店的整体感受。可以说，这是成本上的节约。

当然，电商企业在产品、包装、产品结构和表达呈现上的缺失和认知不足，用任何操作技巧和推广投入都是无法弥补的。

（22）汽车消费是重型复杂性较高的消费行为，对理解中国市场消费者的市场分布、消费潜力、审美偏好等具有非常重要的参考价值。

（23）所谓的日久生情，大都始于一见钟情。网店更是如此。

（24）关于网购核心消费群体的 9 个特征：

- 没事不登录网购页面，登页面必买东西，没有瞎逛瞎点的习惯；
- 不选最贵的，也不喜欢选最便宜的；

- 一贯是静默快速下单，如无必要，不会发起旺旺咨询；
- 自信和讲求效率，对于网店存在的表述不完整、不明确、商业姿态不贴切等缺乏耐心、信心和包容；
- 对促销活动不敏感，不常点击推广，购物路径简洁、直接；
- 愿意重复购买和向他人推荐；
- 从容淡定，三观平和，尊重卖家，习惯性好评；
- 稍有不满意的地方往往能够包容，退换货不是习惯，因为怕麻烦，珍视自己的时间和精力；
- 人数只占20%左右，消费额占比则高达80%。这些人不是“流量”，这些人是“顾客”。

（25）好的营销通常比较贴合当下主流消费人群的心态、审美、语境和共有的幽默感。

（26）零售单元：无限细化。

零售单元是一个终端消费者的一次消费行为之前、之中和之后的“主观决策意识”和“客观行为路径”的总和。

购买之前，消费者的信息获取途径、他人推荐情况和营销心理感受等；

购买之中，消费者的信息归纳、心理感受和决策依据等；

购买之后，消费者的显性和潜意识的消费行为价值判断；

卖方（品牌、渠道）所展现的品牌理念、产品能力、服务水准、销售人员表现、销售细节、销售场景、审美艺术、售后保障、商业气质等；

消费者自身的生活环境、收入状况、认知水平、审美品位等；

消费者就此次购买的价值判断所进行的传播行为及其影响的总和；

买卖双方的理想、道德和价值观之间的碰撞；

零售单元包括购买达成、购买不达成、购买达成后的纠纷及其处理过程和结果的总和。

（27）运营的坑：

- 把电商看作神秘的互联网科技，看不到其本原的零售朴素性特点；
- 随大流，没有自己独立、客观的思维体系；
- 过度迷恋前端的流量操作，忽视后端的基础建设；
- 从来不为企业的人才更替做储备，不把老板当朋友；

- 对利润麻木，没有诚恳的愿望；
- 庆幸自己的老板不懂电商或者不过问电商，任意造作；
- 没有能力向老板和团队解构电商的客观逻辑和琐碎细节；
- 对产品和产品结构不敏感，对呈现结构和细节不敏感；
- 天天加班，天天亏钱，以勤奋加班展示忠诚和可靠，并以此洗刷亏本的歉疚；
- 对大店铺的逻辑和具体执行缺乏客观的、结构性的、细致的解构能力，无法制定有效的跟进执行措施；
- 对破解平台漏洞有执念；
- 不懂得尊重常识，也较为缺乏常识，空顶着个岗位和头衔；
- 不懂消费者，不懂人性，不尊重消费者。对消费者的市场化理解是碎片化的、片面的、单薄的；
- 对消费者的主观决策心理和客观行为路径的解读能力不够。

（28）强咨询成交：

- 第一句话；
- PMP（拍马屁）；
- 两行字回复；
- 慢：多回合，欲擒故纵；
- 要主动，不要被动；
- 问问题：传递卖方专业度；
- 问问题：传递对顾客的关心，展现诚恳鲜活的一面；
- 问问题：掌握对话主动权；
- 问问题：捕捉需求点，对顾客进行教育和说服；
- 问问题：向顾客传递信心；
- 问问题：占有顾客的沟通时间，剥夺别人的沟通时间。

（29）在营销上，很容易陷入“形式大于内容”，很容易超出必要性。

（30）卖货不能太用力，卖得太用力，说明店铺不行。强势店铺的能量不在前端，在后端。强悍店铺的闪光点，不止一二，实为一个圆融的整体性优势。

（31）问：线上做零售，以“流量”为核心到底对不对？

答：错！

流量，最好是平台送的，或者是顾客自己来的。越是精准的流量，越是高质量的流量，越是不用花钱的。

买流量，你得问几个问题：你究竟买了谁来了？这些流量是怎么看你的？你有何德何能掌控得住他们？流量的可持续性在哪里？持续买吗？你确信你所掌握的流量操作和推广技巧是你独家的专利？全天下就只有你会？如果是大家都会的，便是扯平了，你掌握了又有什么用？

电商零售正在变得越来越朴素，越来越呆板，归根结底是两个店放在了一起，哪一个店能赢的问题。

平台喜欢能打的店铺，流量都不叫事儿。不能打的，且等着吧，流量再多也是喂不大的，烧钱、亏本，也是白搭。

流量很重要，但绝不是第一位的，更不应该是片面的。如果非要问“没有流量，怎么会有转化”，扯上“先有鸡还是先有蛋”的问题，这就没法聊了。

逻辑有限，细节无穷。就个案来说，当是“一事一议”，若要寻根究底，那就没完没了。

(32) 问：“线上”二字到底是几个意思？

答：线上的最大亮点是一个“点”对接整个市场，这是线下哭死也做不到的。

但是，线上最惨烈的地方在于，消费者是彻底自由的，因为整个市场的竞争者都像是在你的隔壁。于是，消费者的选择权被放大了。

车站机场的餐饮很高傲吧，品质低，服务差，价格还贵，为什么高傲呢？人家有高傲的本钱啊，流量是恒定的，需求是恒定的，做得好做得不好，卖的饭都差不多，操那份心做什么呢？也就是说，车站、机场的饭店对消费者是有控制力的。市区的饭店敢不敢学着也那么高傲？

严格地说，线下的零售模式，其核心才是流量。再能打的线下店铺，流量顶天了也不过方圆几公里的顾客。

线上呢？线上根本就不缺流量，整个市场的流量都已经在那里了。所以，线上的核心问题不是流量，核心问题是你能不能打。

记住：“能不能打”才是你的工作重心！这个才是“线上”二字的全

部涵义。

（33）访问深度很重要吗？要回答这个问题，请参考前面关于“转化率”的阐述。这两个数据指标，虽是分开来看，实则是一体的。

访问深度的一点点微妙变化，都会平行地折射到转化率上面去。

不信的话，你现在就可以去打开自己的后台看，尤其关注一下产品结构、页面做调整的时候的数据变化。

如果你深刻理解了访问深度的巨大内在含义，你就能看见每一个鲜活的消费者的价值观和行为路径是什么样的，你就能明白两个店铺是如何在消费者的内心斗场得出胜负的，你就能真正明白产品结构规划、价格段规划、页面路径布局和细节雕琢等工作的价值是什么。

信了这一层的意思，你会获得钝锈尽除的巨大畅快感。

做电商，得有足够的认知结构和敏感性去“肢解电商”，要朴素，要天真，要透透的，不要有“自我”。哪怕是败了，也是明明白白的，能避过大坑，亦善莫大焉。

（34）如果你是做电商的，那如何判断你自己是否真的懂电商呢？打开一个你经常去的电商论坛，把最热门的分享文章都挑选出来，然后通读一遍。如果你只喜欢其中的十分之一不到，恭喜你，你入门了；如果你所喜欢的文章超过了十分之二，不好意思，你还得好好努力。如果你非得为这找出原因，答案只有四个字：读书太少！

（35）真正的老板，是在研究人心、人性甚至整个社会。

一切的细节必须以这个为出发点才有用。

后记　承天地化育

电商十年，沉浮起落，千军万马，所惑几何？

前后诸英雄店铺，皆品类繁盛，身健神雄；虚实正位合宜之处，实多雷同。统归于众生之一力度量，瞬息判断，必胜于同类。其中有俊杰至极者，近乎持羞辱碾压之势，老神在在，经年不可追。其余，则殊途万千，造作无限，不能得偿所愿。

所言判官者，客也；客之所持，尽归于店也。众生有大德，承天地之化育。

盖店铺沉浮，非人力造作可为，皆起于店之根本强弱为先也。

谚云：站有站相，坐有坐相。此相，亦可为象。象者，起于内，而发乎外。内无刚正仁厚之根本，则外无敦敏兴旺之气象。形、气、神、势，皆判断于瞬息，发乎本心，不学而能鉴，不必尽述之。

于网店，气象显乎前，全盘物色精神，尽收于两目，众生立断其好恶，取舍自如，无所羁绊。任凭万千造作，不能改滔滔大势之分毫。虽一隅之奇绝常有，然长守者鲜有，不可学也。天下之大观，固不易也。

或曰为店何？如作一幅画，当求基调高酽，元神朗朗，所收所藏所纳所表，其框其构其粗其细，正乎时，合乎势，圆融完整，条达明畅，文质彬彬，神性庄严，立斩左右者，兴也；横比而衰者，难兴也。店者，宛若一幅画，虚实有数；如五官六府，真伪老嫩，自表一番高下气象。行商奔忙寻人，于时不合，坐贾立定而客自来，其势自然。

兴者，有广大者，有精深者，有巧绝者，有敦厚者，有天赐神性者，不能枚举；复合兼备者，不可胜数。应常观自在，如对至尊，乃守正出奇；不兴者，物性亏欠失序，神性错乱迷离。

察店之细构，物似主人形，似文心雕龙，又如良医问诊，见身又见性。

天下事物，格之即理，由形而上，因上而下，凝无形为有形，驭有形而能生无形。天地之道浸，皆奉守阴阳，持之若虚，用之则实；持之若实，用之则虚。虚实不辨，则根器不正，根器不正，则远道矣。人能远道，道不能远人，人能弘道，道不能弘人，历苦集灭道，见天真幽微，乃俗执厥中。

敦敏沉重呆象之极者，本固元盛，无智名，无勇功，不败，不战。有我之时常思无我，无我之时常思有我，中和近道，万物育焉，不辞劳苦大自在，为天下第一等。

今时往后，平台集中、品牌聚合、渠道汰劣之势如风雷烈火，其变不可逆。店比人强之法，硬寨呆仗之道，犹不可违。务必立此执念，方得要领，乃明辨其大无外，细分其小无内。世间本无易成之功，志不强者智不达，当敬养一团春意思，进一寸有一寸之欢喜。然，当知至善不可及，何来止乎？

擅建店者，必擅善后；擅善后者，未必擅建店也。

危心深虑者有三，一曰物性饱满神性庄严，二曰思想沉重洞见众生，三曰上下交合鲜活有常。君君，臣臣，朴素天真，四平八稳，则兴旺可期。

此间真意思，欲辨万千言，万千不能尽，诸君请自取。

老板·创业			
一、经理人			
书名	**内容**	**书名**	**内容**
老总有想法，高层有干法 王清华　著	企业将、帅之间的定位问题、角色问题、方法问题、思维问题、管理问题等	**历史深处的管理智慧 1：组织建设与用人之道** 刘文瑞　著	通过历史鉴照当今企业选人用人、二代接班人、创业团队管理等问题
历史深处的管理智慧 2：战略决策与经营运作 刘文瑞　著	通过历史鉴照当今企业决策、战略规划、战略冒进、决策监督等问题	**历史深处的管理智慧 3：领导修炼与文化素养** 刘文瑞　著	通过历史鉴照当今企业的领导修养、用权、管理风格等问题
老板经理人双赢之道 陈明　著	经理人怎么选平台、怎么开局，老板怎样选/育/用/留		
二、用人			
用好骨干员工 王敏　著	系统化分享关键人才打造与激励方法	**领导这样点燃你的下属** 孟广桥　著	领导者如何才能让员工积极主动地工作
让用人回归简单 宋新宇　著	帮助管理者抓住用人的要害，让用人变得简单	**激活新生代员工** 史量　孙斌　著	走进新生代的世界，一套行之有效的管理、激活 90 后、95 后、00 后的方法
三、转型·创业			
创业要过哪些坎 董坤　著	15 年创业咨询经验总结的创业遇到的问题及办法	**高潜牛人** 董坤　著	创业和事业发展中如何找到牛人
成为下一个 SaaS 独角兽 崔牛会　主编	19 位 SaaS 领专家，7 个不同的视角总结 SaaS 行业实践	**创模式：23 个行业创新案例** 段传敏　著	CEO 社群 23 位企业家的思考与实践分享
重生——中国企业的战略转型 施炜　著	本书对中国企业战略转型的方向、路径及策略性举措提出了建议和意见	**7 个转变，让公司 3 年胜出** 李蓓　著	企业估值、业务模式、营销、生产制造、客户服务、用户黏性、组织管理 7 个转变
企业二次创业成功路线图 夏惊鸣　著	五步骤给出了一幅企业二次创业经营突破、管理提升的成功路线图	**跟老板“偷师”学创业** 吴江萍　余晓雷　著	如何通过“偷师”学习与积累当老板的阅历
公司由小到大要过哪些坎 卢强　著	企业成长路线图，现在我在哪儿、未来还要走哪些路都清楚了	**跳出同质思维，从跟随到领先** 郭剑　著	66 个精彩案例剖析，帮助老板突破行业长期思维惯性
极速增长：企业扩张策略 董坤　著	以“8shoes 扩张法则”为思考框架，帮助处于这个阶段的创业公司及以创业公司形式孵化的变革型项目做出清晰的战略选择		
企业经营			
经营打造你的盈利系统 高可为　著	选择最有效的经营策略，打造属于自己的商业模式	**中国企业的觉醒** 王涛　著	企业告别自私、野蛮，转向善良、爱，才会赢得消费者
成为敏感而体贴的公司 王涛　著	未来有竞争力的企业，一定是那些敏感而体贴的公司	**有意识的思考** 王涛　著	对头脑中固有观念保持觉察，从而超越它们的局限
简单思考 孔祥云　著	著名咨询公司（AMT）CEO 创业历程中的经验与思考	**写给企业家的公司与家庭财务规划** 周荣辉　著	以企业的发展周期为主线，介绍各阶段企业与企业主家庭的财务规划

续表

书名	内容	书名	内容
从10亿到100亿的企业顶层设计 刘建兆 著	重新定义企业成长方式，有效益、有效率、有效能、有效果、有品质的良性成长	**企业融资：投资人没告诉你的那些事** 杨军 著	资深投资人揭示融资“潜规则”，让企业有的放矢
宗：一位制造业企业家的思考 杨涛 著	发展20年营业额近亿元制造业企业家的思考与心得	**使命：驱动企业成长** 高可为 著	用大企业发展轨迹及企业家的心路历程，揭示企业成长的基因、做事的逻辑
让经营回归简单 宋新宇 著	战略、客户、产品、员工、成长、经营者的经营法则	**边干边学做老板** 黄中强 著	86个案例讲述中小公司成长过程中遇到的问题和方法
盈利原本就这么简单 高可为 著	跨越业务与财务边界，为企业提高盈利水平提供方法	**战略参谋：写出管用的战略报告** 蔡春华 著	企业对自己、市场、行业其实了解更深，助你高质量完成战略规划
不战全胜：给企业家读的孙子兵法 王吉坤 杨伟霞 著	从《孙子兵法》提炼和总结了帮助企业打造行业龙头品牌的体系	**公司离不开的全栈运营高手：产品运营与推广获客** 王虎 著	涉及运营案例、思维理论、实操复盘、管理方式、推广策略等，是作者八年运营推广经验的浓缩
公域引流 私域经营：这样经营用户关系 王庆云 汪洋 著	为大中型企业提供私域建设的顶层和全景式框架，探索不同业务特性可能适配的不同私域模式	**平台生态：价值创造与价值获取** 彭毫 罗珉 著	厂商之间的竞争已经从产品转到平台，如何创造新的价值创造和获取模式，是企业最想得到的答案
合伙制经营：有效激励，而不丧失控制权 胡八一 著	重点阐述实施合伙制的流程，通过四步为企业家提供一种有效激励而不丧失控制权的工具和方法	**机制创造人才** 彭剑锋 尚艳玲 著	华夏基石专家团著作，为个体赋能，经营人成就人，进行机制创新和价值管理
企业高管经营课：觉察认知盲点，突破增长瓶颈 范桃根 著	65个问与答，全面认知企业问题在哪里，避免盲人摸象；打破认知障碍，拥有解决问题的能力。附赠一套方法工具		
管理·管理学			
一、企业管理			
让管理回归简单 宋新宇 著	从目标、组织、决策、授权、人才、老板自己等提供方案	**管理的尺度** 刘文瑞 著	西医式的体检化验，又要施加中医式的望闻问切
管理：以规则驾驭人性 王春强 著	人性驾驭角度权度运筹安排的可兑现性，管理有效性	**看电影，学管理** 刘文瑞 著	十六部电影的解读，揭示电影内含的管理之道
好管理 靠修行 曾伟 著	从佛法、道法思想中寻找管理智慧	**公司大了，怎么管** 金国华 著	成长型企业发展中的共性问题，通过案例实录解开
低效会议怎么改 王玉荣 葛新红 著	从梳理公司会议体系的层面改变低效会议的现状	**年初订计划年尾有结果** 郭晓 著	总结七步落地方案让战略计划切实落地实现
分股合心 段磊 周剑 著	围绕股权激励，详细介绍相关知识和实行方法	**员工心理学超级漫画版** 邢雷 著	以漫画形式对组织中个体心理的全面介绍和深入探讨
让投诉客户满意离开 孟广桥 著	投诉法律法规，应对各种投诉技巧等提升客诉能力	**管理就是定计划，抓落实** 张国祥 著	员工“看了就会、拿来就用”的计划制订操作指南
不读韩非子，怎么当老板 王春强 著	通过集中分析有关人性的内容，引导现代管理者更深理解人性是如何影响企业运行，以及管理者应如何因人性而实施管理	**重新想象组织** 彭剑锋 尚艳玲 著	华夏基石专家团著作，通过组织变革逐步进化，找到成长之道，让企业可持续发展

续表

书名	内容	书名	内容
战略管理有方法 和恒咨询　著	结合中国企业实践总结的一套独创性、实操性的战略方法，100+工具轻松做战略	**高管如何为公司创造高增长** 彭剑锋　尚艳玲　主编	战略驱动着企业成长，企业又该如何突破增长的瓶颈
供应链管理改善咨询：案例·方法·工具 于晓光　许忠宁　赵玭　著	掌握供应链改善结构化方法，实现准时交付和低运营成本	**重塑竞争的市场边界战略** 张戟　著	选择与竞争对手不同的消费需求集合，通过独特的价值链活动，创造一个最有利的市场地位，让企业获得领先的核心竞争优势
二、管理思想			
管理学的奠基者 刘文瑞　著	近代以来的管理思想发展揭示管理思想的演化奥秘	**巴纳德组织理论研读** 郭威　著	深度研读巴纳德《经理人员的职能》，帮你理解和看懂
管理学在中国 刘文瑞　著	科学看待管理学流入中国，对继承发展进行深入的阐述	**德鲁克管理学** 张远凤　著	以德鲁克管理思想发展为线展示20世纪管理学的发展
德鲁克与他的论敌们 罗珉　著	德鲁克与马斯洛、戴明等诸多管理大师论战的故事	**德鲁克管理思想解读** 罗珉　著	全面解构德鲁克思想的精髓与实践价值
治论：中国古代管理思想 张再林　著	深入分析中国古代哲学基本精神的基础上，梳理分析了儒法墨三家的管理思想	**流程经理10年案例笔记** 王焕东　著	用自身工作和生活中的鲜活案例及思考后的心得呈现不一样的流程管理思想
透过决策看组织 李慧才　著	对西蒙管理行为进行贴近企业的通俗化解析和阐释	**为什么高管爱读德鲁克** 王鹏　著	辅助深读德鲁克、提升管理认知
营销·销售			
一、企业销售			
大客户销售这样说这样做 陆和平　著	大客户销售活动的十大模块，68个典型销售场景	**向高层销售** 贺兵一　著	销售人员与客户高层打交道需要重点掌握的知识、技巧
资深大客户经理 叶敦明　著	将大客户经理必须具备的规划、策略、执行三种能力运用自如	**成为资深的销售经理** 陆和平　著	让销售经理成功把握销售管理的6个关键点，并提供工具
销售是个专业活 陆和平　著	据客户采购流程拆分销售过程十阶段，讲解方法技巧	**学话术　卖产品** 张小虎　著	手机、电动车、家电、食品等消费品的一线销售话术
工程项目大客户销售攻略 陆和平　著	三十八讲循序渐进，全方位透视工程大项目拿单的奥秘，通俗易懂，看了就能用	**大客户销售谈判：获得利润的最快途径** 陆和平　著	从不会谈判到成为谈判专家，帮助你在与大客户的谈判中轻松说服对方，实现从一次成交、成本价成交到高价成交、持续成交的转变
二、企业营销			
新营销组织力 迪智成　著	适应最新数字化外部环境，系统化协同组织能力建设	**营销按钮** 老苗　著	讲述存在于人性及各个营销环节中的“按钮”
精品营销战略 杜建君　著	“精品营销战略”核心逻辑与营销组合策略	**360°谈营销** 王清华　古怀亮　著	营销是立体的，从不同角度观察不同企业的营销精髓
互联网精准营销 蒋军　著	互联网时代整体策划、包装品牌和产品	**招招见销量的营销常识** 刘文新　著	做好基本的营销动作都可以提高销量、降低成本

续表

书名	内容	书名	内容
用数字解放营销人 黄润霖　著	用数字说话覆盖营销工作的方方面面	**用营销计划锁定胜局** 黄润霖　著	让营销计划落地，营销人员只需解决两个问题：基数与概率
新营销2.0：从深度分销到立体连接 刘春雄　公方刚 牛恩坤　等著	立体连接打通三度空间，在互联网时代诞生快消品领域的超级巨头	**中国营销战实录** 联纵智达研究院　著	51个案例，46家企业，46万字，18年积淀
弱势品牌如何做营销 李政权　著	产品与物流通道、服务通道、促销互动通路，提供方法	**解决方案营销实战案例** 刘祖轲　著	十大工业品作者实操案例解码解决方案营销
升级你的营销组织 程绍珊　吴越舟　著	根据企业的实际情况建立有机性营销组织	**孙子兵法营销战** 刘文新　著	理解《孙子兵法》原意的同时，还可体悟到营销之用
老板如何管营销 史贤龙　著	十六个招式，理论与案例相结合，高段位营销方法	**渠道管理就这样做** 陆和平　著	渠道规划和设计、渠道成员选择和寻找、渠道谈判和签约、管理渠道日常活动、设计渠道激励政策、解决渠道冲突、渠道的评估和调整
三、品牌			
中国品牌营销十三战法 朱玉童　著	深度演绎最符合企业品牌营销策划的十三套实战战法	**中小企业如何打造区域强势品牌** 吴之　著	从如何建立强势品牌的角度解析扩张难题
小众战略：小资源打造强势品牌 吴修利　著	从品牌观念、市场调研、竞争机会、内部调整等角度，对产品、渠道、传播等核心原则进行了系统梳理	**把品牌建在顾客心里：4步实现品牌IP化** 张学军　著	让品牌自带话题，自主传播
四、营销策划			
这样写文案，就没有卖不动的产品 秦剑　刘安丽　著	术、法、道三个层面由浅至深培养商业文案创作能力	**洞察人性的营销战术** 沈坤　著	介绍了28个匪夷所思的营销怪招，大部分可以直接运用
双剑破局：沈坤营销策划案例集 沈坤　著	双剑公司8年来的实操案例，每个项目诞生过程、策划角度和方法	**社区团购就这么干：供应商•平台•团长•用户** 陈海超　杨顶刚　著	分享最新实践经验，一看就懂，照着就能做
企业案例			
鲁花：一粒花生撬动的粮油帝国 余盛　著	鲁花如何成长为优秀的带动农业产业发展的品牌，鲁花你一定学得会	**金龙鱼背后的粮油帝国** 余盛　著	以金龙鱼为脉的一部中国粮油行业的史诗
你不知道的加多宝 曲宗恺　牛玮娜　著	以时间为轴线，详细叙述了加多宝品牌的发展历程	**静水流深** 黄治国　著	作者在美的十五年对何享健内部讲话资料的整理
娃哈哈区域标杆 罗宏文　快车君 赵晓萌　寇尚伟　著	讲娃哈哈豫北市场如何成为娃哈哈全国第一大市场、全国增量第一的市场	**借力咨询：德邦成长背后的秘密** 官同良　王祥伍　著	德邦将自己积累的与咨询公司发展共赢的合作逻辑和盘托出
六个核桃凭什么从0过100亿 张学军　著	全视角深度解读养元企业的裂变成长，复盘十年蜕变轨迹	**像六个核桃一样** 王超　著	六个核桃为什么卖得这么好，产品畅销的6大要义36条简明法则

续表

书名	内容	书名	内容
中国首家未来超市 IBMG 集团　著	对乐城超市的掌门人及内部员工的采访详细阐释了乐城的经验	**三四线城市超市如何快速成长：解密甘雨亭** IBMG 集团　著	甘雨亭的许多关键经营指标均高于行业标准，学习其成功的方法
集团化企业阿米巴实战案例 初勇钢　著	作者在某酒厂推行阿米巴经营模式的心得		
经销商			
新经销：新零售时代教你做大商 黄润霖　著	探访近 100 位经销商在传统营销手法上的创新，传统营销微创新和新营销本地化	**商用车经销商运营实战** 杜建君　王朝阳 章晓青　著	对商用车经销商的经营与管理、4S 店运营做了全方面的总结
跟行业老手学经销商开发与管理 黄润霖　著	从管理耐用消费品经销商角度提炼了 48 个代表性问题并给出解决办法	**快消品经销商如何快速做大** 黄润霖　著	经销商如何通过经营实现规模，通过管理实现规模效益
建材家居经销商实战 42 章经 王庆云　著	经营管理的心法和战法，帮助经销商成为“业务妙手”和“管理能手”	**成为最赚钱的家具建材经销商** 李治江　著	针对建材家居行业的经销商，从销售模式、产品、门店、市场等方面给出方法
白酒经销商的第一本书 唐江华　著	对经销商如何选择厂家、合作、运营品牌等问题给出建议	**快消品招商的第一本书** 刘雷　著	从招商理论到招商动作进行系列化分解，化繁为简
大商方法：榜样经销商与厂家的合作之道 唐道明　著	洞察厂商合作的核心，为经销商提供可行的方法，手把手教你做大商	**快消品经销商成功密码** 舟谱商学院　著	通过 8 个真实经销商案例，分享快消品经销商成功经验与方法
中小企业			
中小企业如何打造区域强势品牌 吴之　著	从如何建立强势品牌的角度解析扩张难题	**用流程解放管理者** 张国祥　著	8 个板块构成，共 66 篇文章，14 幅流程管理图
用流程解放管理者 2 张国祥　著	对中小企业规范化流程管理进行系统的阐述	**弱势品牌如何做营销** 李政权　著	产品与物流通道、服务通道、促销互动通路提供方法
本土化人力资源管理 8 大思维 周剑　著	用最贴近中国中小企业现实管理情境的案例讲述周围人的“家事”	**中小农业企业品牌战法** 韩旭　著	农业企业需要全产业链视野，更需要品牌实战方法
门店管理			
门店销售冠军复制系统 王吉坤　著	门店型企业如何打造可复制的销售冠军系统	**新零售动作分解与实操：建材·家居·家具** 盛斌子　著	对泛家居行业趋势、店面管理、团队管理、促销推广、五感营销等提供策略
家具建材促销与引流 薛亮　李永锋　著	对泛家居营销执行模式和工具、关键环节等进行汇总	**建材家居门店 6 力爆破** 贾同领　著	产品力、导购力、形象力、推广力、服务力、组织力
家具行业操盘手 王献永　著	总结家具终端门店发展的现状及问题并给出策略	**手把手教你做专业督导** 熊亚柱　著	系统梳理督导的核心技能，岗位职责、工作流程及技能

续表

书名	内容	书名	内容
手把手帮建材家居导购业绩倍增 熊亚柱 著	针对建材家居门店的业务人员，用案例故事还原场景教你成为好导购	**10步成为最棒的建材家居门店店长** 徐伟泽 著	梳理店长管理的核心工作职责、店面管理规范，帮助销售人员成长
建材家居门店销量提升 贾同领 著	9个板块讲述建材门店一个单店如何做到经营的良性循环	**总部有多强大，门店就能走多远** IBMG集团 著	五大方向综合阐述连锁零售企业总部如何提升管理能力
赚不赚钱靠店长，从懂管理到会经营 孙彩军 著	注重专卖店的经营思路拓展、门店管理细节方面能力的提升	**新医改了，药店就要这样开** 尚锋 著	从药店定位的思考，内部和会员管理等方面探讨中小型药店发展方向
电商来了，实体药店如何突围 尚锋 著	新时代药店经营的三驾马车：药学专业服务、会员贴心服务和精准定向促销	**引爆药店成交率1：店员导购实战** 范月明 著	药店人的零售工作，怎样接待顾客，完善销售技巧
引爆药店成交率2：药店经营实战 范月明 著	从药店经营角度建立改善门店现状的实用标准	**引爆药店成交率：专业化销售解决方案** 范月明 著	从简单的拿药服务到提供多角度的专业解决方案
口腔门诊盈利倍增：精益口腔 杨伟霞 王吉坤 著	为口腔门诊定制业绩提升管理系统并落地实施	**门店店长业绩增长100%** 熊亚柱 著	将店长遇到的障碍一扫而空，通过一个个生动的案例故事解析，帮你成为管理型店长，不再东奔西跑地瞎忙，让业绩成倍增长
互联网			
一、互联网转型			
画出公司的互联网进化路线图 李蓓 著	18个“可以……吗”的问题作为产品、客户和价值方面的指引牌	**7个转变，让公司3年胜出** 李蓓 著	企业估值、业务模式、营销、生产制造、客户服务、用户黏性、组织管理7个转变
重生战略移动互联网和大数据时代的转型法则 沈拓 著	四个重生战略对应四个法则，告知传统企业的转型重生之路	**创造增量市场：传统企业互联网转型之道** 刘红明 著	为读者提供了寻找这些互联网的切入点和接触点的具体方法，带来增量市场
互联网+变与不变 本土管理实践与创新论坛 著	61篇精华文章，聚焦传统行业如何互联网+时代转型	**今后这样做品牌** 蒋军 著	顶层设计、营销创新、产品战略、渠道变革、品牌策略
移动互联新玩法 史贤龙 著	立足现实，剖析新时代背景下的移动互联趋势与热点	**互联网时代的成本观** 程翔 著	多维组合成本的互联网精神和大数据特征及应用
正在发生的转型升级实践 本土管理实践与创新论坛 著	100多位本土管理专家当年对最新一年的思考和实践	**1000铁杆女粉丝** 张兵武 著	如何让普通女性成为忠实追随的铁杆粉丝，磁力点、情感结、甜蜜区、信任圈
混沌与秩序Ⅰ：变革时代企业领先之道 彭剑锋 施炜 苗兆光 王祥伍 孙波 夏惊鸣	新环境下企业面临变革应如何应对，企业家如何坚守并与企业共同成长	**混沌与秩序Ⅱ：变革时代管理新思维** 彭剑锋 施炜 苗兆光 王祥伍 孙波 夏惊鸣	对处于时代变革下的企业管理新机制、人力资源管理新思维，组织与人的新型关系，结合案例提出优化建议
消费升级：实践·研究 本土管理实践与创新论坛 著	从经营、管理、行业三个方面记录消费升级下的实践	**互联网精准营销** 蒋军 著	互联网时代整体策划、包装品牌和产品
智能推荐：让你的业务千人千面 刘国昊 周波 著	从资讯、电商、文娱行业来详细讲解智能推荐的应用，用户时间的争夺战	**制造业外贸营销网站建设** 宋金亮 著	介绍整个网站从无到有的实现过程，从分析思路、撰写内容到规划页面，列举了大量正反面实例，帮助读者理解和投入实践

续表

书名	内容	书名	内容
零售巨头数字化转型操盘笔记 江楠　著	一线操盘运营经理分享传统零售巨头的新零售到家业务全盘操作细节		
二、抖音、微信微商、电商			
书名	内容	书名	内容
抖音营销系统 刘大贺　著	抖音系统的实战营销知识，上百个从0做大的案例	**金牌微商团队长** 罗晓慧　著	微商团队长创业实操的指导工具书
微商生意经：真实再现33个成功案例操作全程 伏泓霖　罗晓慧　著	精心挑选的33个微商成功案例，阐述具体操作过程	**快速见效的企业微信营销方法** 孙巍　著	站在微信生态的立体高度系统讲述企业微信快营销方法论
阿里巴巴实战运营：14招玩转诚信通 聂志新　著	产品定位、阿里巴巴排名因素、数据分析、标题优化等	**阿里巴巴实战运营2：诚信通热卖技巧** 聂志新　著	打开诚信通运营的金钥匙，十大具体运营技巧
电商高管私房课 子道　著	深刻剖析“结硬寨，打呆仗”的经营理念和操作方法，是电商零售管理者和执行团队的好参谋		
三、行业新营销			
餐饮新营销 杨勇　程绍珊　著	聚焦餐饮企业转型，系统的餐饮企业营销管理体系	**新零售进化路径** 李政权　著	预先复盘新零售及商业的未来，找到方向
珠宝黄金新营销 崔德乾　著	珠宝业新营销/新品牌/新产品/新零售/新连接/新场景/新服务/新传播/新管理	**黄金珠宝就这样卖：导购员月销百万的秘籍** 崔德乾　著	让顾客留下试戴、买单的80个技巧，让高级客户感动、一般客户依赖的6大行动秘籍。上午学下午用，让你成为月销百万的销售明星
新零售动作分解与实操：建材·家居·家具 盛斌子　著	对泛家居行业趋势、店面管理、团队管理、促销推广、五感营销等提供策略	**新营销** 刘春雄　著	让品牌商和渠道商掌握获得独立流量的能力，能够与平台商博弈
快速见效的企业网络营销方法B2B　大宗B2C 张进　著	数据和案例90%来自作者服务的中小企业，快速全面地学习企业网络营销方法	**移动互联下的超市升级** 联商网专栏　著	超市未来的发展趋势，对社区超市、生鲜、全渠道建设、O2O等提出观点
百货零售全渠道营销策略 陈继展　著	零售行业的竞争重点、行业本质、战略转型、未来趋势、经验和案例	**互联网时代的银行转型** 韩友诚　著	银行业在互联网金融变革浪潮中所做的积极应对和转型布局
触发需求：互联网新营销样本·水产 何足奇　著	通过鲜誉案例解读阐述水产行业如何进行互联网转型	**新农资如何弯道超车** 刘祖轲　著	从农业产业化、互联网转型、行业营销与经营突破四个方面阐述农资企业转型
新零售　新终端 迪智成　著	将新零售系统打法做梳理并落地在新终端建设上	**新经销：新零售时代教你做大商** 黄润霖　著	探访近100位经销商在传统营销手法上的创新，传统营销微创新和新营销本地化
	医药医疗		
一、药店			
新医改了，药店就要这样开 尚锋　著	从药店定位的思考、内部和会员管理等方面探讨中小型药店发展方向	**电商来了，实体药店如何突围** 尚锋　著	新时代药店经营的三驾马车：药学专业服务、会员贴心服务和精准定向促销
引爆药店成交率1：店员导购实战 范月明　著	药店人的零售工作，怎样接待顾客，完善销售技巧	**引爆药店成交率2：药店经营实战** 范月明　著	从药店经营角度建立改善门店现状的实用标准
引爆药店成交率：专业化销售解决方案 范月明　著	从简单的拿药服务到提供多角度的专业解决方案	**连锁药店新风口：资本　智能　大数据** 动脉网　著	对我国连锁药店的市场环境、行业现状等进行分析，给出对连锁药店未来发展趋势的预判

续表

书名	内容	书名	内容
药店导购关联销售技巧与成交话术 范月明　著	以药店情景案例导入，介绍常见疾病的导购销售话术与顾客心理分析，进而提供关联销售解决方案		
二、药品销售			
医药第三终端：从控销到动销　诊所　基层医疗 王祥君　张芳文　著	用大量案例来梳理药企落地动销的策略、方法和技战术	医药营销：诊所开发维护与动销 张江民　著	从六个方面系统阐述基层诊所市场营销攻略
处方药合规推广实战宝典 赵佳震　著	对处方药推广体系搭建、推广人员岗位内容等六个方面进行阐述	医药代理商经营全指导 戴文杰　著	从产品选择、价格体系设计、路径管理等维度描述代理商产品操作的基本策略
处方药零售这样做 田军　著	处方药零售的重要性及做市场的具体措施和方法	OTC医药代表药店开发与维护 鄢圣安　著	一位从初级OTC医药销售代表成长起来的销售经理的经验分享
OTC医药代表药店销售36计 鄢圣安　著	以《三十六计》为线，阐述OTC医药代表向药店销售的技巧与策略	做医生信赖的医药代表 邹晓徽　宁剑锋 朱文虎　著	医药代表如何在合规要求下做好药品推广工作的操作工具书
三、药企转型			
药企战略·运营与医药产业重构 杜臣　著	医药产业的深度认知与发展趋势结合，战略思考与经营操作相统一	医药行业大洗牌与药企创新 林延君　沈斌　著	围绕创新介绍医药行业，介绍近百家医药企业创新实践案例
医药新营销 史立臣　著	从药企最关心的八个方面阐述制药企业、医药商业企业营销模式转型	医药企业转型升级战略 史立臣　著	从商业模式转型、管理转型、定位转型、运营模式转型和跨界转型五方面阐述转型
新医改下的医药营销与团队管理 史立臣　著	立足新医改相关政策的解读，为中小医药企业出谋划策	在中国，医药营销这样做 段继东　著	时代方略在医药营销领域思想、方法文章的精选合集
四、新医疗			
成为医疗器械领军者 王强　著	中小医疗器械生产企业和代理商怎样转型	新型诊所经营与创新 动脉网　著	对新型诊所从标准化管理、经营方式、团队建设、连锁模式四个方面进行解读
医美新风口：颜值经济下的亿万市场 动脉网　著	详细介绍中国医疗美容行业的发展趋势、现状及医美产业链等	互联网医院：正在发生的医疗新变革 动脉网　著	介绍互联网医院的建设与运营、管理，发展模式和市场布局，以及发展规律
快消品			
一、快消案例			
中国快消品营销这些年 史贤龙　著	一本书浓缩快消品营销15年的实战历程与前沿思考	这样打造大单品 迪智成　著	通过13个大案例帮助企业梳理打造大单品的路径
你不知道的加多宝 曲宗恺　牛玮娜　著	以时间为轴线，详细叙述了加多宝品牌的发展历程	娃哈哈区域标杆 罗宏文　快车君　赵晓萌 寇尚伟　著	娃哈哈豫北市场如何成为娃哈哈全国第一大市场、全国增量第一的市场
六个核桃凭什么从0过100亿 张学军　著	全视角深度解读养元企业的裂变成长，复盘十年蜕变轨迹	像六个核桃一样 王超　著	六个核桃为什么卖得这么好，产品畅销的6大要义36条简明法则

续表

书名	内容	书名	内容
5小时读懂快消品营销 陈海超　著	20年快消品市场风云洞察解码，丰富的案例解析		
二、快消品区域经理			
快消品营销团队管理 刘雷　伯建新　著	快消品团队管理相关的20余个工具+20余个案例	**这样打造快消品区域标杆** 罗宏文　牛玉龙　著	分两篇解决如何成功打造标杆市场和进行持续增量管理两大问题
成为优秀的快消品区域经理（升级版） 伯建新　著	作为区域经理的"速成催化器"，升级版增加11篇内容	**快消老手都在这样做：区域经理操盘锦囊** 方刚　著	一线成长起来的资深快消品营销人"压箱底"绝活
快消品营销人的第一本书 刘雷　伯建新　著	针对一线厂家业务员工作中常遇到的问题给予建议	**销售轨迹：一位快消品营销总监的拼搏之路** 秦国伟　著	一个普通营销人的故事，16年背井离乡的职场拼搏之路
快消品营销：一位销售经理的工作心得2 蒋军　著	从市场操作、团队管理、传播推广、营销的具体策略和战略等方面提供方法	**快消品区域/城市经理全渠道管理** 许翔　著	一位在日化巨头一线打拼多年的城市经理操作经验分享
三、快消品动销			
动销：产品是如何畅销起来的 余晓雷　著	从怎么被消费者买走和竞争对手是谁这两个原点解决动销问题	**动销操盘：节奏掌控与社群时代新战法** 朱志明　著	用七个章节阐述关于动销操盘的要诀，节点、节奏、主次、条件匹配性等问题
动销四维：全程辅导与新品上市 高继中　著	从产品、渠道、促销和新品上市四个方面详细讲解提高动销的具体方法	**快消品经销商这样做才赚钱** 张宇　著	从全新的角度，解读经销商的经营困境，并提供可实操的解决方法
快消新产品成功上市 伯建新　著	新产品是什么？新产品该如何去做？新产品要如何销起来，长销而不是昙花一现？本书给你答案		
四、快消品渠道			
深度分销 施炜　著	渠道价值链、模式选择、渠道策略与管理、零售经销商管理、最佳实践、团队建设	**通路精耕操作全解** 周俊　陈小龙　著	对康师傅的制胜法宝通路精耕进行系统的介绍与说明，图表和完善入微的操作方法
酒水饮料快消品餐饮渠道营销手册 朱伟杰　著	对餐饮渠道深入挖掘，建立适合餐饮渠道发展的服务模式和组织保障措施	**快消品经销商如何快速做大** 杨永华　著	经销商如何通过经营实现规模，通过管理实现规模效益
快消品营销与渠道管理 谭长春　著	解决日常涉及的渠道管理、市场、产品等营销事务	**快消品招商的第一本书** 刘雷　著	从招商理论到招商动作进行系列化分解，化繁为简
采纳方法：化解渠道冲突 朱玉童　著	21个最新的渠道冲突案例立体地介绍渠道冲突的现象和方法	**快消品促销管理与方案：规划 技能 工具** 张荣举　著	涵盖促销规划、打法、具体落地执行的细节和终端人员技能及训练，结合线上线下运作，提供全套方法
五、快消品企业战略			
重构：升级你的竞争优势 杨永华　著	用7大思维，帮你的企业提升档位	**变局下的快消品实战策略** 杨永华　著	从5个角度针对快消品企业如何应对行业变局给出答案
新营销 刘春雄　著	让品牌商和渠道商掌握获得独立流量的能力，能够与平台商博弈	**采纳方法：破解本土营销8大难题** 朱玉童　著	破解困扰营销人的八大难题，给出解决方法
白酒营销培训宝典：复制高业绩 刘孝鞅　著	总结白酒营销人员系统运作市场的要点，转化为易学可复制的动作和工具表单	**酒水饮料快消品餐饮渠道营销手册** 朱伟杰　著	对餐饮渠道深入挖掘，建立适合餐饮渠道发展的服务模式和组织保障措施

续表

白酒			
书名	内容	书名	内容
白酒营销的第一本书 唐江华 著	多角度阐释白酒一线市场操作的最新模式和方法	**白酒经销商的第一本书** 唐江华 著	对经销商如何选择厂家、合作、运营品牌等问题给出建议
白酒到底如何卖 赵海永 著	多角度阐释白酒一线市场操作的最新模式和方法	**白酒到底如何卖 2：从市场培育到动销** 赵海永 著	系统化、标准化、模式化的促成动销的实战操作方式和方法
变局下的白酒企业重构 杨永华 著	白酒企业重构期的营销战略与实操策略 6 大方法	**酒业转型大时代** 微酒 著	酒水营销、新闻资讯及行业分析、预测的知识宝典
区域型白酒企业营销必胜法则 朱志明 著	以 36 条法则从战略、营销、推广、产品线、品牌、市场、战术等方面提供方法	**10 步成功运作白酒区域市场** 朱志明 著	从市场攻守、产品攻略、新品上市、占领渠道、促销等十个层面阐述
白酒营销 1：中小酒企操盘与崛起 徐伟 徐涛 著	深入分析品牌与行业、操作方法，提供营销实操宝典	**白酒营销 2：品类创新策略升级** 黑格咨询 著	立足行业现状，建立品类创新、营销模式创新路径，提供市场建设方法、营销策略与工具案例
茶·调味品·油·乳业			
营销中国茶：2 小时读懂茶叶营销 史贤龙 著	中国茶营销的“困局”“破局”和“创举”	**中国茶叶营销第一书** 柏龑 著	纵览中国茶叶市场的全局，并且有针对性地提出问题并阐述解决方法
调味品营销第一书 陈小龙 著	15 年监控中国市场 50 个中外著名调味品品牌市场运作、管理等的经验总结	**调味品企业八大必胜法则** 张戟 著	提炼了调味品企业八大规律性的关键成功要素
食用油营销的第一本书 余盛 著	从小包装油行业概述到产品的基本知识，从基本执行动作到品牌整体策划等	**鲁花：一粒花生撬动的粮油帝国** 余盛 著	鲁花如何成长为优秀的带动农业产业发展的品牌
金龙鱼背后的粮油帝国 余盛 著	以金龙鱼为脉的一部中国粮油行业的史诗	**乳业营销的第一本书** 侯军伟 著	区域型乳品企业如何才能稳健发展
调味品经销商公司化运营 张戟 著	调味品和快消品经销商如何从“个体户”到“公司化”，一步步推进的具体方法		
工业品			
一、工业品销售			
大客户销售这样说这样做 陆和平 著	大客户销售活动的十大模块，68 个典型销售场景	**销售是个专业活** 陆和平 著	据客户采购流程拆分销售过程十阶段、讲解方法技巧
成为资深的销售经理：B2B 工业品 陆和平 著	让销售经理成功把握销售管理 6 个关键点，并提供工具	**一切为了订单：订单驱动下的工业品营销实践** 唐道明 著	以订单流程的三个环节为主线讲述工业品营销管理新思路
订单是这样拿到的 郑文洲 著	作者近 10 年销售生涯的回顾，真实销售故事和成功经验分享		
二、工业品营销			
工业品营销管理实务（第 4 版） 李洪道 著	是信任导向工业品营销体系的深化版、工业品营销管理体系优化咨询的升级版	**工业品企业如何做品牌** 张东利 著	为当下中国制造的品牌化转型提供经过实践证明的理念、方法和体系

续表

书名	内容	书名	内容
工业品市场部实战全指导 杜忠　著	解决职能不清、市场部五大职能如何运作、职业发展路径等具体问题	**解决方案营销实战案例** 刘祖轲　著	十大工业品作者实操案例解码解决方案营销
资深大客户经理：策略准　执行狠 叶敦明　著	将大客户经理必须具备的规划、策略、执行三种能力运用自如	**渠道管理就这样做** 陆和平　著	渠道规划和设计、渠道成员选择和寻找、渠道谈判和签约、管理渠道日常活动、设计渠道激励政策、解决渠道冲突、渠道的评估和调整
三、工业品企业			
变局下的工业品企业7大机遇 叶敦明　著	探索工业品企业成长的新机会，7大战略与战术性机会	**两化融合管理体系贯标流程与方法** 戴勇　著	融合五十多家企业在两化融合贯标过程的经验，总结重点与举措
丁兴良讲工业4.0 丁兴良　著	多角度阐述中国在工业4.0的机遇和挑战		
建材家居			
一、建材家居门店			
家居建材促销与引流 薛亮　李永锋　著	对泛家居营销执行模式和工具、关键环节等进行汇总	**新零售动作分解与实操：建材·家居·家具** 盛斌子　著	对泛家居行业趋势、店面管理、团队管理、促销推广、五感营销等提供策略
家具行业操盘手 王献永　著	总结家具终端门店发展的现状及问题并给出策略	**手把手教你做专业督导** 熊亚柱　著	系统梳理督导的核心技能、岗位职责、工作流程及技能
手把手帮建材家居导购业绩倍增 熊亚柱　著	针对建材家居门店的业务人员、案例故事还原场景，教你成为好导购	**10步成为最棒的建材家居门店店长** 徐伟泽　著	梳理店长管理的核心工作职责、店面管理规范和帮助销售人员成长
建材家居门店销量提升 贾同领　著	9个板块讲述建材一个单店如何做到经营的良性循环	**建材家居门店6力爆破** 贾同领　著	产品力、导购力、形象力、推广力、服务力、组织力
二、建材家居经销商			
新经销：新零售时代教你做大商 黄润霖　著	探访近100位经销商在传统营销手法上的创新，传统营销微创新和新营销本地化	**建材家居经销商42章经** 王庆云　著	经营管理的心法和战法，帮助经销商成为“业务妙手”和“管理能手”
成为最赚钱的家具建材经销商 李治江　著	针对建材家居行业的经销商，从销售模式、产品、门店、市场等方面给出方法		
三、建材家居企业			
定制家居黄金十年 韩锋　翁长华　著	对中国定制家居行业20年发展历程进行深度、系统、专业的解读	**建材家居营销：除了促销还能做什么** 孙嘉晖　著	探索家居建材行业营销的革命，发现行业“营销天花板”的突破口
建材家居营销实务：新环境、新战法 程绍珊　杨鸿贵　著	针对建材家居市场特点提出以客户价值为基础的整体营销价值链	**全屋整装　高利润运营手册** 翁长华　陈平　著	十大维度解决实际问题，是0到1极具操作性的整装指南
零售·餐饮·服装·影院·美容院			
新零售进化路径 李政权　著	预先复盘新零售及商业的未来，找到方向	**新零售　新终端** 迪智成　著	梳理新零售系统打法并落地在新终端建设上

续表

书名	内容	书名	内容
移动互联下的超市升级 联商网　著	超市未来的发展趋势，对社区超市、生鲜、全渠道建设、O2O 等提出观点	**百货零售全渠道营销策略** 陈继展　著	零售行业的竞争重点、行业本质、战略转型、未来趋势、经验和案例
超市卖场定价策略与品类管理 IBMG 集团　著	零售企业的市场拓展与商品定位、商品结构与商品陈列、毛利分析与库存分析	**连锁零售企业招聘与培训破解之道** IBMG 集团　著	围绕零售企业组织架构、培训体系建设等内容进行探讨
总部有多强大，门店就能走多元 IBMG 集团　著	五大方向综合阐述连锁零售企业总部如何提升管理能力	**三四线城市超市如何快速成长：解密甘雨亭** IBMG 集团　著	甘雨亭的许多关键经营指标均高于行业标准，学习其成功的方法
中国首家未来超市：解密安徽乐城 IBMG 集团　著	对乐城超市的掌门人及内部员工的采访详细阐释了乐城的经验	**零售：把客流变成购买力** 丁昀　著	通过大量的实际案例对中国零售业态的升级转型之路提出思考
餐饮新营销 杨勇　程绍珊　著	聚焦餐饮企业转型，系统的餐饮企业营销管理体系	**电影院的下一个黄金十年** 李保煜　著	介绍了中国电影产业的运作模式及电影院的开发、设计思路
餐饮企业经营策略第一书 吴坚　著	阐述餐饮企业产品之道、市场之道、顾客之道及盈利之道	**赚不赚钱靠店长，从懂管理到会经营** 孙彩军　著	注重专卖店的经营思路拓展，门店管理细节方面能力提升
时装买手自学通 范敏娜　编著	从流行趋势调研、商品企划、采购渠道、数据管理到店铺销售等时装买手需要具备的能力与操盘技巧	**美容院/养生馆高盈利经营模式** 陈鹏飞　著	5 步实现店铺高盈利方法与策略
零售巨头数字化转型操盘笔记 江楠　著	一线操盘运营经理分享传统零售巨头的新零售到家业务全盘操作细节		
农牧业			
一、农资			
饲料营销有方法 陈石平　著	饲料营销的 7 大核心命题	**农资营销实战全指导** 张博　著	在农资市场行之有效的营销策略和工具
新农资如何弯道超车 刘祖轲　著	农业产业化、互联网转型、行业营销与经营突破		
二、农牧企业			
中国牧场管理实战 黄剑黎　著	对牧场管理标准、管理制度、操作规程做出剖析和指引	**中小农业企业品牌战法** 韩旭　著	农业企业需要全产业链视野，更需要品牌实战方法
变局下的农牧企业 9 大成长策略 彭志雄　著	为农牧企业量身打造了 9 个立足现在、展望未来的成长策略	**农产品营销实战第一书** 胡浪球　著	针对 33 个农产品营销的核心问题提供具体招数
农产品全网营销 吴之　著	帮助全国农业合作社、家庭农场打造农产品品牌		
地产·汽车			
一、地产			
中国城市群房地产投资策略 吕俊博　刘宏　著	挖掘主要城市群的现状特征、发展因子、演化趋势、竞争关系等，给出分析建议	**产业园区/产业地产：规划、招商、实战运营** 阎立忠　著	从认知、规划、招商、运营四方面系统解读产业园区的建设精要和运营技巧
人文商业地产策划 戴欣明　著	“全球化视野（创意）”+“人文+”思维	**产业园区/产业地产 2：系统化经营与操盘攻略** 阎立忠　著	全方位系统解析产业园区运营策略

续表

书名	内容	书名	内容
从零开始打造产业园区 刘晓君　著	全流程，系统化，注重细节，多角度教你打造产业园区		
二、汽车			
商用车经销商运营实战 杜建君　著	对商用车经销商的经营与管理、4S店运营做了全方面的系统总结	汽车配件这样卖 俞士耀　著	适合轮胎、机油、维修、快保、美容、洗车等汽车服务业态销售实操办法
润滑油销售：这样说，这样做更有效 张金荣　著	总结润滑油销售面对三大客户常遇到的200余个营销问题解决方法	润滑油品牌营销 张金荣　著	没有说教，只有方法，适合小微企业、代工品牌、经销商、营销人阅读
投资理财·收购资本			
交易心理分析 马克·道格拉斯 【美】　著	一语道破赢家的思考方式，并提供了具体的训练方法	财报背后的投资机会 蒋豹　著	零基础轻松掌握财务报表的相关知识，快速入门
写给企业家的公司与家庭财务规划 周荣辉　著	以企业的发展周期为主线，介绍各阶段企业与企业主家庭的财务规划	分股合心 段磊　周剑　著	围绕股权激励，详细介绍相关知识和实行方法
成功并购300问 浩德并购军师联盟　著	系统学习资本运作和企业并购知识的金融工具书	并购名著阅读指南 叶兴平　著	从全球5000多本并购图书中精选200本并进行评价
避开股权合伙这些坑 苏雯静　著	根据创始合伙人、外部合伙人、内部合伙人等方面的实际案例做归纳和梳理	产业并购操盘手 张军杰　著	15个案例，11个范本，38个图表，拿来即用
科创板IPO上市全流程指导 丁先云　刘海旭　著	不仅有各项制度的深入剖析，更有各种问题和解决方案的详细论述，配合案例，轻松操作	市值战略：上市公司市值管理有方法 和恒咨询　著	正确理解，系统规划、全面执行市值战略。从“势道法术力”五个维度思考和设计市值战略
阿米巴			
阿米巴经营的中国模式 李志华　著	基于阿米巴经典理念提出了适合中国本土的员工自主经营的“1532”模型	集团化企业阿米巴实战案例 初勇钢　著	作者在某酒厂推行阿米巴经营模式的心得
中国式阿米巴落地实践之激活组织 胡八一　著	划分原则、裂变与整合、组织管控、重新定位、巴长竞聘和组阁	中国式阿米巴落地实践之从交付到交易 胡八一　著	从6个方面阐述经营会计，从交付到交易是成功实施阿米巴的标志
中国式阿米巴落地实践之持续盈利 胡八一　著	企业做成平台、平台做成阿米巴、阿米巴做成合伙制		
人力资源管理			
一、绩效·薪酬			
回归本源看绩效 孙波　著	从目的和概念帮助企业梳理绩效管理与经营的关系	走出薪酬管理误区 全怀周　著	从7个常见的薪酬误区入手为企业提供一套系统解决方法
曹子祥教你做绩效管理 曹子祥　著	作者核心授课课程的还原，掌握绩效管理的核心内容	曹子祥教你做激励性薪酬设计 曹子祥　著	作者28年咨询经验总结，如何进行科学的薪酬体系设计
把招聘做到极致 远鸣　著	资深招聘经理多年工作心得的提炼	把招聘做到极致2：灰度招聘全攻略 黄渊明　李佳倩　著	从实战需求出发，兼容并包各种优秀的招聘理论、方法、经验与工具，并进行创新性的应用

续表

二、招聘·面试·培训			
书名	内容	书名	内容
把面试做到极致 孟广桥　著	一套实用的确定岗位招聘标准，提升面试官技能方法	**世界500强资深培训经理人教你做培训管理** 陈锐　著	构建培训体系、培训组织、培训文化、开发培训资源，教你做培训管理
把猎头做到极致 李佳倩　黄渊明　著	帮助猎头顾问从平庸走向优秀	**招聘面试：用提问得到真相** 陈硕　著	十二年资深HR招聘面试经验分享，教你学会如何提问
人才评价中心漫画版 邢雷　著	用漫画形式写成的人才测评专业书籍	**上市公司培训体系搭建** 初忠宝　著	上市公司培训经理分享体系搭建的框架和案例
三、HR高管·劳动法			
经营型HRD 黄渊明　著	总结企业HRD如何支撑企业经营，抓好七件关键事情	**人才供应链：实现高绩效均衡的人才管理模式** 许锋　著	打造人才供应链的四大支柱、十项修炼的完整体系
新任HR高管如何从0到1 靳海　著	到互联网创业型企业担任HRVP，从0到1建立较完善的HR体系	**人力资源体系与e-HR信息化建设** 刘书生　陈莹　王美佳　著	6大框架、28个关注点、5大目标、6大优势、166个交付物咨询体系和盘托出
集团化人力资源管理实践 李小勇　著	针对集团型企业人力资源管理的问题提出科学建议	**我的人力资源管理笔记** 张伟　著	第三方咨询视角跳出“技术方法”看人力资源管理
人力资源的5分钟劳动法 李皓楠　著	入职管理、在职管理、离职管理中遇到的劳动法问题及应对	**海外人力资源管理：帮企业成功“走出去”** 黄渊明　著	弥补了中国企业海外人力资源管理实践体系建设的空白，具有开创性意义
从零开始学：胜任力模型建模与应用 林丽萍　著	手把手教你做胜任力建模，并通过大量的企业案例拆解介绍模型在各个方面的落地应用	**上市公司总经理助理工作笔记** 黄娜　著	40个案例，教你从小白助理到资深总助
用好任职资格体系 杨序国　著	以某企业为案例，系统地介绍了企业HR如何通过任职资格体系帮助员工成长	**胜任力模型咨询笔记** 韩文卿　著	吸取和总结了世界500强企业的胜任力模型搭建体系和方法
三支柱与业务型人力资源部建设 段凤鸣　著	从专业型HR走向业务型HR，有效提高HR在企业绩效中的贡献值		
四、HRBP			
HRBP是这样炼成的之菜鸟起飞 黄渊明　著	作者在初步转型HRBP两年时间里摸索实践的亲身经历与总结	**HRBP是这样炼成的之中级修炼** 黄渊明　著	结合作者亲身从事HRBP的工作经历，总结HRBP的作战故事
HRBP高级修炼 黄渊明　著	故事方式，HRD角度深度呈现运用HRBP的思维、方法		
企业文化			
企业文化落地本土实践 王祥伍　著	华夏基石“知信行”模型描绘企业文化落地路线图	**企业文化的逻辑** 王祥伍　著	从文化起源深刻剖析文化、效率、企业、企业文化联系
企业文化定位·落地一本通 王明胤　著	企业文化理念传播和落地聚焦的17种方法，解读了近100个实战案例	**36个拿来就用的企业文化建设工具** 海融心胜　著	汇集整理了36个通用的企业文化实践工具
企业文化激活沟通 宋杼宸　安琪　著	系统阐述沟通与企业文化的关系，给予企业提升沟通效能的企业文化解决方案	**企业文化建设超级漫画版** 邢雷　著	用漫画形式写成的企业文化建设专业书籍，理论体系和29个具体的操作方法
在组织中绽放自我 朱仁建　著	个人与组织之间的关系，文化对组织化形成的影响	**用企业文化提升经营绩效** 彭剑锋　尚艳玲　主编	企业要想在竞争中利于不败之地，就不能没有能打胜仗的企业文化与领导力
企业文化建设与咨询工具　案例 尹宏亮　著	着眼难题，为企业“把脉”做诊断		
流程管理			
营销·研发·供应链业务架构与流程管理 谭勋晖　著	营销、研发、供应链三大业务流程变革实践经验总结	**打造集成供应链** 王春强　著	第一用力在“集成”上，梳理内外部相关模块及其依赖关系

续表

人人都要懂流程 全国华　余雅丽　著	50幅流程管理漫画，内部对流程价值理念的高度共识	**用流程解放管理者** 张国祥　著	8个板块构成，共66篇文章，14幅流程管理图
用流程解放管理者2 张国祥　著	对中小企业规范化流程管理进行系统的阐述	**跟我们学建流程体系** 陈立云　罗均丽　著	在《跟我们做流程管理》的基础上丰富了标杆实践案例
质量管理			
书名	内容	书名	内容
16949质量管理体系落地与全套文件汇编 谭洪华　著	对IATF16949每个条款讲解采用理解、作用、落地、模板、成功案例模块解析	**ISO9001：2015制造业文件模板全集** 贺红喜　著	五篇内容组成的完整的质量管理体系工具文件
精益质量管理实战工具 贺小林　著	四个方面对精益质量管理进行了全方位介绍和解读，并提供大量的方法工具	**五大质量工具详解及运用案例** 谭洪华　著	APQP、FMEA、MSA、SPC、PPAP五大质量工具的具体运用
IATF16949质量管理体系详解与案例文件汇编 谭洪华　著	针对IATF16949的标准原文做详细解说，同时提供大量的表单案例	**SA8000：2014社会责任体系认证实战** 吕林　著	将SA8000多版本及10多年的体系实战经验汇编成书
ISO9001：2015新版质量管理体系解读与案例文件汇编 谭洪华　著	对ISO9001：2015新版标准理解和运用操作进行详细解读	**ISO14001：2015新版环境管理体系解读与案例文件汇编** 谭洪华　著	ISO14001：2015改版后的差别和操作运用进行详细讲解
我在世界500强做供应商质量管理 宋华　著	分享汽车行业成熟的供应商质量管理体系和方法，都是作者的亲身经历	**ISO45001职业健康安全管理体系落地+全套案例文件** 谭洪华　著	每个条款清晰讲解，内容完全落地，轻松运用
五大质量工具之FMEA（2019第五版）详解及运用落地 谭洪华　著	对2019年6月修订的第五版FMEA标准进行详解，提供落地操作方法和全部案例文件，可直接套用		
精益生产			
一、精益·JIT·IE			
精益思维：超越对手的力量 刘承元　著	以尊重人性的精益思想为切入点，分别从管理者的精益理念、精益思维、精益实践、精益中国制造等方面进行独到的分析	**比日本工厂更高效** 刘承元　著	管理提升无极限+超强经营力+精益改善里的成功实践
计划与物流精益改善之道 于晓光　著	围绕“计划与物流战略咨询的方法论”进行解析，提供方法论和案例	**300张现场图看懂精益5S** 乐涛　著	通过日本丰田、上市企业案例，用300张现场图系统讲解5S管理
3A顾问精益实践1：IE与效率提升 党新民　苏迎斌　蓝旭日　著	系统、全面地介绍IE工厂管理技术，提高效率创造价值	**3A顾问精益实践2：JIT与精益改善** 肖智军　党新民　著	系统、全面地介绍JIT生产方式，并加入实践案例
高员工流失率下的精益生产 余伟辉　著	从三方面论述推行精益管理时如何应对员工流失	**让员工爱上6S管理** 肖智军　著	提供了众多企业的原版资料、案例，还汇集了一些企业骨干的推行感想、感悟及反思
200张图表学精益管理：IE工厂效率提升方法 刘秀堂　著	IE工程师视角，全是一线经验。精益落地的实操方法，大量图表工具让你上手就能做		

续表

书名	内容	书名	内容
二、生产管理			
化工企业工艺安全管理实操 黄娜　著	围绕化工工艺安全14要素来展开分析	**手把手教你做专业生产经理** 黄娜　著	生产经理如何在信息流、物流、资金流三大流中开展工作
欧博心法：好工厂　靠管理 曾伟　著	从管人篇和管事篇帮助读者解决人难管、事难控	**欧博工厂案例1：生产计划管控对话录** 曾伟　曾子豪　著	工厂管理生产计划管控模块的8个全景细节大案例
欧博工厂案例2：品质技术改善对话录 曾伟　曾子豪　著	工厂管理品质、技术、效率管理模块的10个全景细节大案例	**欧博工厂案例3：员工执行力提升对话录** 曾伟　曾子豪　著	工厂管理人员管控模块的5个全景细节大案例
工厂管理实战工具 曾伟　著	中国传统文化指导下的工厂管理工具	**制造业成本倍减42法** 王天江　著	42种经过实际验证有效的成本降低方法，用61个真实案例说明
制造企业上10亿其实并不难 杨小林　著	年产值1亿～10亿元中小制造企业在工厂经营和管理上的业务指导		
三、班组长			
全能型班组：城市能源互联网与电力班组升级 国网天津电力公司　著	从互联网时期的班组转型升级出发，对新型班组组织模式和运行机制进行设想	**国网天津电力全能型班组建设实务** 国网天津电力公司　著	聚焦天津电力公司在探索全能型班组转型升级时的优秀实践
		咨询·培训师	
培训师事业长青之道 廖信琳　著	培训师自我管理的“洋葱模型”、十项内容与五个层级	**管理咨询师的第一本书** 熊亚柱　著	深度剖析初级入行咨询师在工作中遇到的问题
资深管理咨询顾问工作心得 张国祥　著	使用手册讲述咨询师如何操作项目、老板如何选择咨询师、企业如何自主落地	**手把手教你做顶尖企业内训师** 熊亚柱　著	从开、控、收、编、制、用的角度去履行培训师的职责
TTT培训师精进三部曲上 廖信林　著	手把手教你“深度改善现场培训效果”的一招一式	**TTT培训师精进三部曲中** 廖信林　著	建构一整套培训课程设计与开发的认知架构和方法体系
TTT培训师精进三部曲下 廖信林　著	通过“沉淀职业功力的六度模型”，帮助培训师在职业技能上持续精进	**轻咨询：老板问诊管理咨询专家实录20例** 董坤　著	从1000+案例中精选的24个咨询案例笔记整理而成
		产品·研发	
研发体系改进之道 靖爽　陈年根 马鸣明　著	取材数十家企业研发改进的咨询实践，提炼一套实操的改进步骤与工具	**新产品开发管理，就用IPD（升级版）** 郭富才　著	把产品经营的思想凝结在新产品开发管理机制中，升级版更丰富
产品开发管理：方法·流程·工具 任彭枞　著	结合超过300家企业的实际研发管理方法，总结问题和方法，大量表格	**资深项目经理这样做新产品开发管理** 秦海林　著	采用过程管理方法，对新产品开发的四大过程进行分析，主要针对小电器产品
产品炼金术Ⅰ：如何打造畅销产品 史贤龙　著	打造畅销产品的四个方法	**产品炼金术Ⅱ：如何用产品驱动企业成长** 史贤龙　著	从经营者视角重新认识产品，快速诊断产品现状
快消品产品开发方法：打造快消爆品 张荣举　著	提供整套实战性的思维、方法、技能和工具，直接带有表格及公式，一看就能上手		